W0200252

Das neue farbige

KINDERLEXIKON

der Tiere und Pflanzen

DIE MITARBEITER AN DIESER AUSGABE

Originalausgabe:
Gesamtherstellung: Editions Nathan, Paris
Inhaltliche Konzeption und Redaktion:
Atelier d'édition européen, Paris
(Philippe Faverjon und Nathalie Bailleux)
Kartographie: Philippe Rekacewicz
Bildredaktion: Alexandra Egreteau
Layout: Yvette Lefevre

Deutsche Ausgabe:
Übersetzung und Redaktion:
Veronika Maasburg, München

Redaktionelle Mitarbeit:
Dr. Martin Baehr (Zoologie)
Wolfram Güthler (Natur- und Umweltschutz)
Dr. Günther Heubl (Botanik)

Sonderausgabe: Nebel Verlag, Erlangen
© 1991 Editions Nathan, Paris
© 1992 für die deutschsprachigen Rechte bei
Bechtermünz Verlag GmbH, Eltville am Rhein
ISBN: 3-86047-022-1

Das neue farbige

KINDERLEXIKON

der Tiere und Pflanzen

Nebel

VORWORT

Jedes Lebewesen – Tier oder Pflanze – hat in der Natur seinen Lebensraum, wo es Nahrung und Schlupfwinkel findet und sich fortpflanzen kann. Doch jeder große Lebensraum unserer Erde unterscheidet sich von allen anderen durch die Lebensbedingungen, die dort herrschen, und durch seine Tier- und Pflanzenwelt.

Eine Entdeckungsreise durch die fünf Kontinente stellt uns die Vielfalt dieser Lebensräume vor und hilft uns, die Beziehungen der Lebewesen untereinander und zu ihrer natürlichen Umgebung in Europa, Afrika, Ozeanien, Amerika, Asien und den Polargebieten zu verstehen.

Aber es gibt noch eine weitere Beziehung, die für ihr Leben und Überleben wichtig ist: die Beziehung zwischen dem Menschen und der Natur. Ölpest, Luft- und Wasserverschmutzung, der Untergang vieler Tier- und Pflanzenarten ... All dies sind Auswirkungen menschlicher Eingriffe in den Haushalt der Natur.

Der Mensch ist bisher allzu sorglos mit der Natur umgegangen. Dadurch sind Probleme entstanden, die es nun zu lösen gilt. Große Aufgaben sind zu bewältigen, wenn unsere Erde auch für kommende Generationen in ihrer Vielfalt erhalten bleiben soll.

INHALTSVERZEICHNIS

DIE LEBENSRÄUME

- Vegetationsgebiete und Lebensräume der Erde 8
- Nationalparks und Reservate 10

LEBENSRÄUME IN EUROPA 12
- Sandstrand und Watt 14
- Das Leben am Sandstrand und im Watt 16
- Die Felsküsten 18
- Das Leben an den Felsküsten 20
- Lagunen und Deltaküsten 22
- Seen und Teiche 24
- Flüsse und Bäche 26
- Das Leben der Tiere in Flüssen und Bächen 28
- Die Heidelandschaften und Moore 30
- Das Leben der Tiere in der Heide und im Moor 32
- Wiesen und Hecken 34
- Buschsteppen 36
- Der Wald in der gemäßigten Zone 38
- Die Nadelwälder Nordeuropas 40
- Die Alpen 42
- Die Tierwelt der Hochgebirge 44
- Die Tier- und Pflanzenwelt in den Städten 46

LEBENSRÄUME IN AFRIKA 48
- Sieben Landschaftsformen 50
- Die Savannen Afrikas 52
- Die Tiere der Savannen 54
- Die Wüsten 56
- Die Wälder Afrikas 58
- Das Leben im afrikanischen Regenwald 60
- Madagaskar, Insel vor Afrikas Küste 62

LEBENSRÄUME IN ASIEN 64
- Sieben Landschaftsformen 66
- Die Wälder Asiens 68
- Die Steppen Eurasiens 70
- Der Himalaya 72
- Das Leben der Tiere im Himalaya 74
- Die Mangroven von Indonesien 76

LEBENSRÄUME IN OZEANIEN 78
- Sieben Landschaftsformen 80
- Australien 82
- Die Tierwelt Australiens 84
- Die Korallenriffe 86
- Das Leben im Korallenriff 88

LEBENSRÄUME IN AMERIKA 90
- Sieben Landschaftsformen 92
- Die kanadischen Wälder 94
- Die weite Prärie 96
- Ostküste: die Everglades 98
- Louisiana: das Mississippidelta 100
- Westküste: die kalifornische Wüste 102
- Die Anden 104
- Das Amazonasbecken 106
- Die Pampa und Patagonien 108

LEBENSRÄUME DER POLARGEBIETE 110
- Die Arktis 112
- Die Antarktis 114
- Das Leben in der Antarktis 116

DER MENSCH UND DIE NATUR

- Der Mensch verändert die Landschaft 120
- Die Hochsee- und Küstenfischerei 122
- Die Landwirtschaft – eine Industrie 124
- Die Rohstoffreserven der Erde 126
- Der Wasserverbrauch 128
- Sauberes Wasser – ein kostbares Gut 130
- Die Meere sind krank 132
- Unvorhergesehene Vergiftungen 134
- Mensch und Atmosphäre 136
- Die Müllberge der Industriegesellschaft 138
- Das Sterben der Wälder 140
- Die Ausbreitung der Wüsten 142
- Der Mensch und das Klima 144
- Die Erforschung der belebten Natur 146
- Chancen und Risiken der Gentechnik 148
- Bedrohte und ausgestorbene Arten 150
- Zugewanderte Tier- und Pflanzenarten 152
- Eintönigkeit statt Artenvielfalt 154
- Ökologie – was ist das ? 156
- Naturschutz und Landschaftsschutz 158
- Wir müssen umdenken 160
- Naturschutz als Beruf 162
- Große Herausforderungen 164

ANHANG

DIE WELT DER PFLANZEN
- Pflanzen ohne Blüten und Samen 166
- Blütenpflanzen I: die Nacktsamer 168
- Blütenpflanzen II: die Bedecktsamer 170

TIERWELT
- Wirbellose Tiere I: Weichtiere und Krebstiere 172
- Wirbellose Tiere II: die Insekten 174
- Wirbeltiere I: die Fische 176
- Wirbeltiere II: Reptilien und Amphibien 178
- Wirbeltiere III: die Vögel 180
- Wirbeltiere IV: die Säugetiere 182

WICHTIGE ADRESSEN 184

INDEX 185

Vegetationsgebiete und Lebensräume der Erde

Die komplexen Zusammenhänge zwischen Klima, Bodenbeschaffenheit, Wasservorräten, Seehöhe und geographischer Breite bestimmen die Verteilung der Pflanzen auf der Erde. Temperatur und Feuchtigkeit beeinflußen allein schon weitgehend das Landschaftsbild. Das natürliche Gleichgewicht in diesen Lebensräumen (Biomen) ist empfindlich, jeder Eingriff des Menschen kann schwerwiegende Folgen haben.

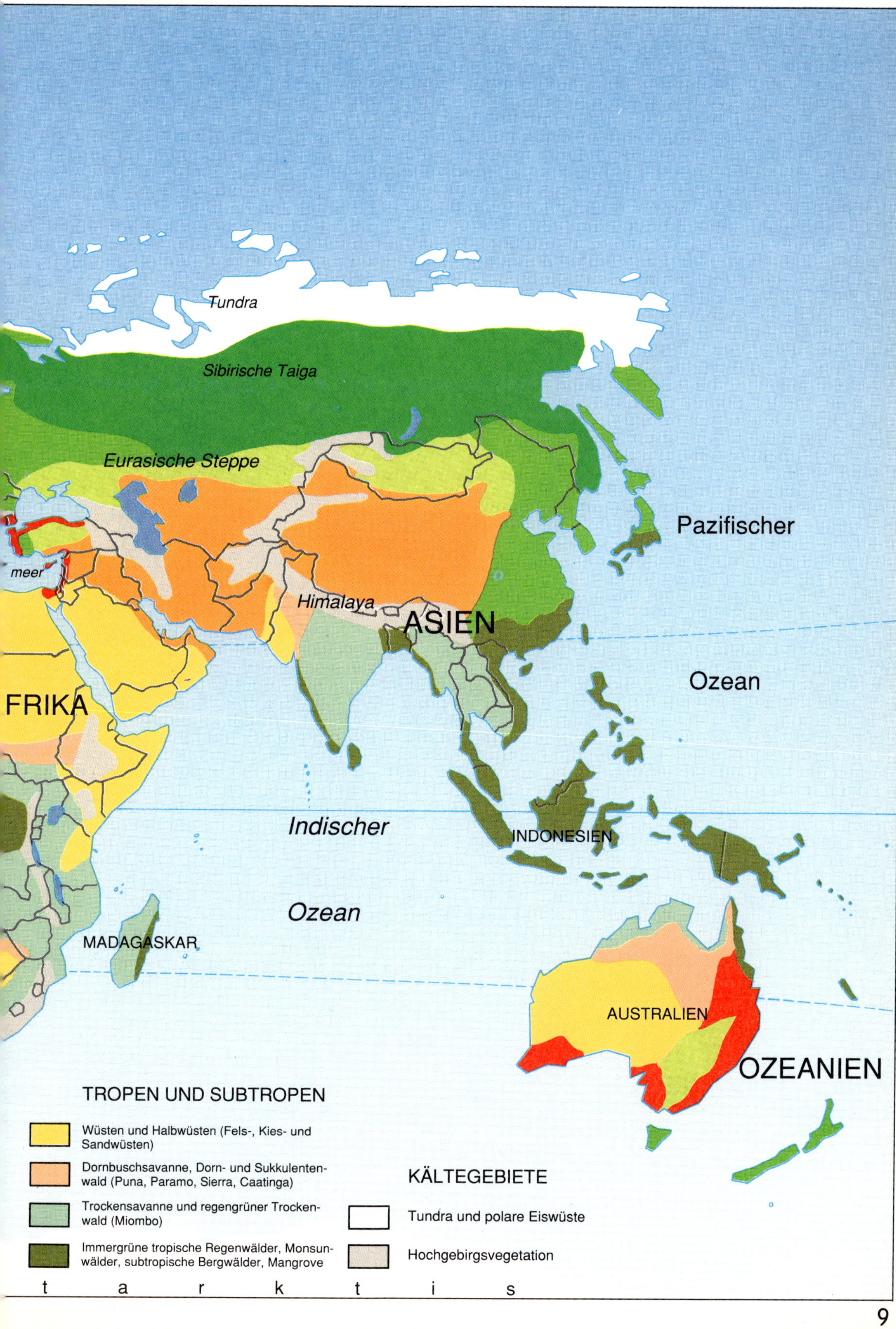
Tundra
Sibirische Taiga
Eurasische Steppe
Pazifischer
meer
Himalaya
ASIEN
Ozean
FRIKA
Indischer
INDONESIEN
Ozean
MADAGASKAR
AUSTRALIEN
OZEANIEN
TROPEN UND SUBTROPEN
Wüsten und Halbwüsten (Fels-, Kies- und Sandwüsten)
Dornbuschsavanne, Dorn- und Sukkulentenwald (Puna, Paramo, Sierra, Caatinga)
Trockensavanne und regengrüner Trockenwald (Miombo)
Immergrüne tropische Regenwälder, Monsunwälder, subtropische Bergwälder, Mangrove
KÄLTEGEBIETE
Tundra und polare Eiswüste
Hochgebirgsvegetation
t a r k t i s

Nationalparks und Reservate

Seit Beginn unseres Jahrhunderts sind in der ganzen Welt Naturschutzgebiete – Nationalparks und Reservate – eingerichtet worden. Heute beträgt der Anteil der geschützten Gebiete an der Gesamtoberfläche der Erde etwa 3 Prozent.
In den meisten Staaten sind die Nationalparks die letzten Inseln, wo eine Beobachtung des Tier- und Pflanzenlebens in ihrem natürlichen Lebensraum noch möglich ist. Sie sollen der Erhaltung besonders schöner Landschaften sowie ihrer Tier- und Pflanzenwelt dienen. Ihr Kern ist eine Schutzzone, die vor jeder Einwirkung des Menschen zu bewahren ist.

BEDEUTENDE NATIONALPARKS UND NATURSCHUTZGEBIETE RUND UM DIE WELT:

1 Nahanni (Kanada)
2 Wood Buffalo (Kanada)
3 Rocky Mountains (Kanada)
4 Dinosaur (Kanada)
6 Kluane (Kanada) und Wrangell-St.Elias (USA)
7 Vulkane von Hawaï (USA)
8 Olympic (USA)
9 Redwood (USA)
10 Yosemite (USA)
11 Grand Canyon (USA)
12 Yellowstone (USA)
13 Mammoth Cave (USA)
14 Great Smoky Mountains (USA)
15 Everglades (USA)
16 Darien (Panama)
17 Galapagos-Inseln (Ecuador)
18 Sangay (Ecuador)
19 Huascaran (Peru)
20 Manu (Peru)
21 Iguazu (Argentinien)
22 Iguacu (Brasilien)
23 Los Glaciares (Argentinien)
24 Bialowieza (Polen)
25 Plitwitzer Seen (Kroatien)
26 Durmitor (Jugoslawien)
27 Pirin (Bulgarien)
28 Garajonay (Spanien)
29 Banc d'Arguin (Mauretanien)
30 Niokolo-Kobo (Senegal)
31 Nimbaberge(Guinea/ Elfenbeinküste)
32 Comoé (Elfenbeinküste)
33 Taï (Elfenbeinküste)
34 Dja (Kamerun)
35 Manovo-Gounda-Saint-Floris (Zentralafrika)
36 Garamba (Zaïre)
37 Virunga (Zaïre)
38 Kahuzi-Biega (Zaïre)
39 Salonga (Zaïre)
40 Serengeti (Tansania)
41 Kilimandjaro (Tansania)
42 Malawisee (Malawi)
43 Mosi-Oa-Tunya und Viktoriafälle (Sambia/Zimbabwe)
44 Simen (Äthiopien)
45 Ichkeul (Tunesien)
46 Aldabra - Atoll (Seychellen)
47 Nanda Devi (Indien)
48 Keoladeo (Indien)
49 Royal Chitwan (Nepal)
50 Sagarmatha (Nepal)
51 Kaziranga (Indien)
52 Sundarbans (Indien)
53 Sinharaja (Sri Lanka)
54 Uluru (Australien)
55 Sumpfgebiete von Queensland (Australien)
56 Großes Barriereriff (Australien)
57 Subtropischer Regenwald der Ostküste (Australien)
58 Fjordland (Neuseeland)
59 Westland und Mount Cook (Neuseeland)

NATIONALPARKS DER BUNDESREPUBLIK DEUTSCHLAND (Stand Februar 1992)

1 Nationalpark Schleswig-Holsteinisches Wattenmeer
2 Nationalpark Hamburgisches Wattenmeer
3 Nationalpark Niedersächsisches Wattenmeer
4 Nationalpark Berchtesgaden
5 Nationalpark Bayerischer Wald
6 Nationalpark Vorpommersche Boddenlandschaft
7 Nationalpark Jasmund
8 Müritz-Nationalpark
9 Nationalpark Hochharz
10 Nationalpark Sächsische Schweiz

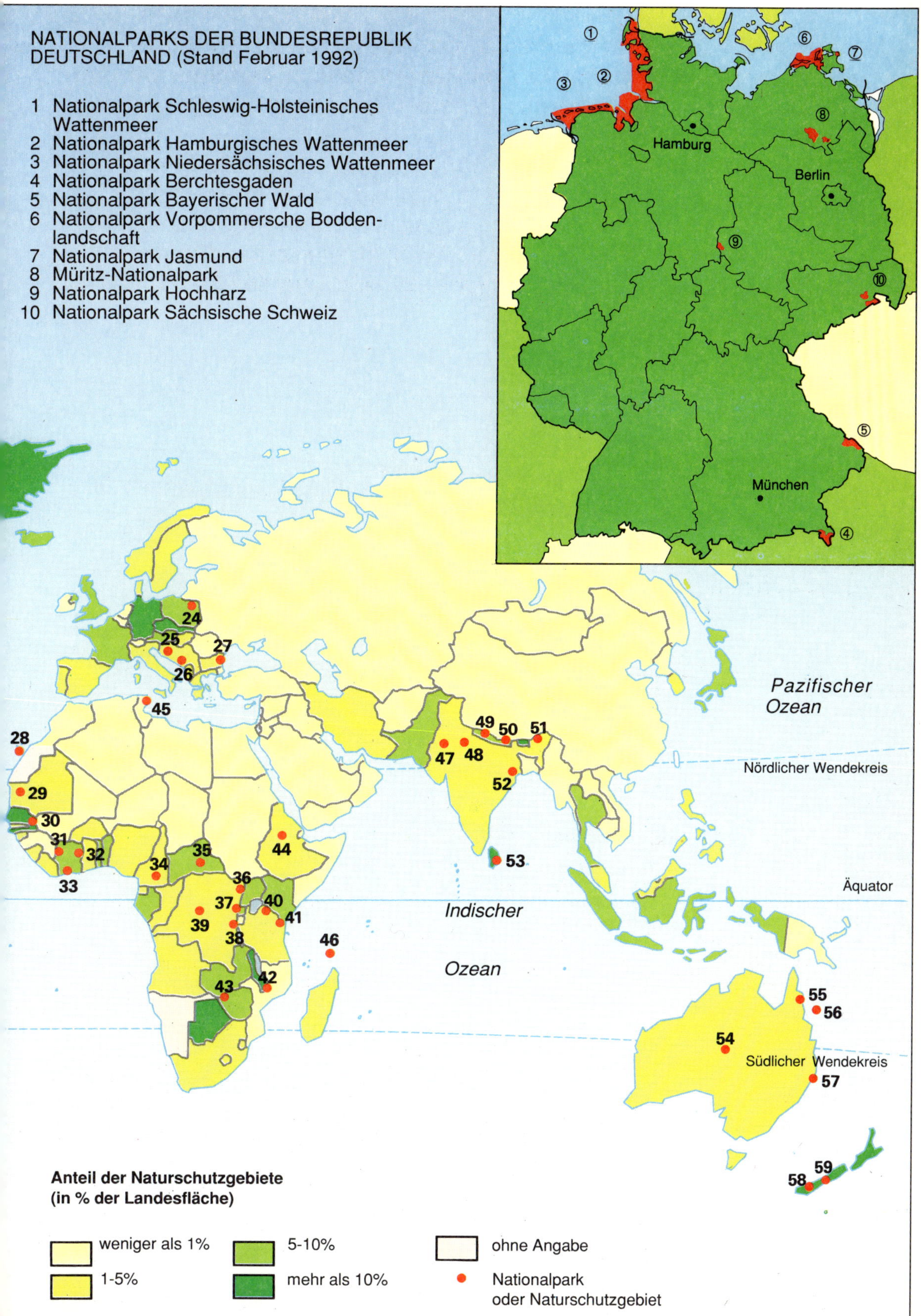

LEBENSRÄUME IN EUROPA

Europa erstreckt sich vom Atlantik bis zum Ural und liegt fast vollständig in der gemäßigten Zone. Nur ein schmaler Streifen reicht über den Polarkreis hinaus. Die klimatischen Bedingungen sowie das Relief und die Beschaffenheit der Böden waren günstig für die Besiedlung durch den Menschen, der jedoch die Naturlandschaften stark verändert hat. In den Ebenen und Hochebenen drängten Landwirtschaft und Siedlungsbau die Waldflächen zurück. Die natürlichen Steppen Osteuropas wurden allmählich zu Viehzuchtgebieten. Nur bestimmte Hochgebirgsregionen und Taigagebiete im Norden blieben vom Eingriff des Menschen verschont.

Sandstrand und Watt

Die Sandstrände sind ein Lebensraum, der sich ständig verändert. Die Wellen, der Wind und die Strömungen an der Küste tragen den Sand fort. Die Sanddünen stellen die Wirkung all dieser Kräfte am augenfälligsten dar.
In Küstengebieten mit starken Gezeiten, im Gebiet von Flußmündungen, findet man Schlickgebiete, die zahlreichen Tierarten besonders reiche Nahrung bieten.

Die Möwen *versammeln sich nach der Brutzeit an den Küsten. Wenn der Winter kommt, gesellen sich zahlreiche Vogelarten aus Nordeuropa zu ihnen.*

Die Dünen – ein Schutzwall gegen das Meer

Der Strandhafer treibt seine Wurzeln tief in den laufend angewehten Sand und trägt so zunächst zur Verfestigung der Dünen bei, die dann in die Höhe wachsen und das Landinnere vor der Brandung schützen.

Die Seeschwalben *nisten manchmal auf dem Strand. Im Sommer zerstören immer wieder Badegäste ihre Gelege.*

Der Strandhafer *ist eine Wildpflanze der Sandstrände, kann aber auch vom Menschen zur Verfestigung der Dünen angepflanzt werden.*

Sandstrand und Kiesstrand
Am häufigsten sind die Strände mit feinem Seesand bedeckt. Die ausgedehntesten Sandstrände sind in Südengland, in den Niederlanden und an der Südwestküste Frankreichs zu finden.
Andere Strände bestehen aus kleinen, rundgeschliffenen Steinen, dem Brandungsgeröll. Diese Strandart kommt hauptsächlich an den Küsten Nordeuropas und in Frankreich in der oberen Normandie und in der Picardie vor.

Schlickgebiete an den Flußmündungen: die Flußdeltas
Schlickgebiete entstehen durch die Anschwemmungen, die die Flüsse an ihrer Mündung ins Meer ablagern. Sie bestehen aus Schlamm sowie Überresten von Tieren und Pflanzen, die in Fäulnis übergehen.
Bei Ebbe sind sie als große, graubraune Flächen zu sehen. Der Schlick bietet einer großen Vielfalt von Tierarten Nahrung und einen bevorzugten Lebensraum.
Das Wattenmeer (Niederlande, Deutschland), die Severn-Mündung (England) oder die Buchten der Somme und des Aiguillon (Frankreich) zählen zu den größten Schlickgebieten Europas.

***Die Ringelgänse** sind kleine Seegänse aus Sibirien, die den Winter an der Atlantikküste Frankreichs verbringen. Sie ernähren sich von Seegras, das auf den Schlickflächen der Flußmündungen und Buchten ausgedehnte Rasenflächen bildet.*

Das Leben am Sandstrand und im Watt

Leben im Rhythmus der Gezeiten
Der Wechsel von Ebbe und Flut bestimmt das Leben der Tiere und Pflanzen auf den Strandflächen, die das Meer bei Ebbe freigibt: Sie müssen nämlich täglich ein paar Stunden ohne Wasser auskommen. Jede Tierart dort nutzt den Wechsel der Gezeiten für Nahrungsbeschaffung beziehungsweise Ruhepausen.

Bei Flut
gehen zahlreiche wirbellose Tiere (Krebstiere und Weichtiere) auf Nahrungssuche.
Die Krabben, die sich sonst im Sand eingraben, kriechen aus ihren Verstecken. Die Messermuscheln filtern mit ihren schlauchförmigen Atemröhren die im Wasser schwebenden Teilchen als Nahrung heraus.

Die Tierarten hingegen, die sich von wirbellosen Tieren ernähren (wie z.B. die Strandvögel), können während der Flut nichts erbeuten. Sie nutzen diese Zeit daher zum Ausruhen und schlafen, dicht aneinander gereiht, auf Inseln oder auf dem nicht unter Wasser stehenden Strandstreifen oberhalb der Hochwasserlinie.

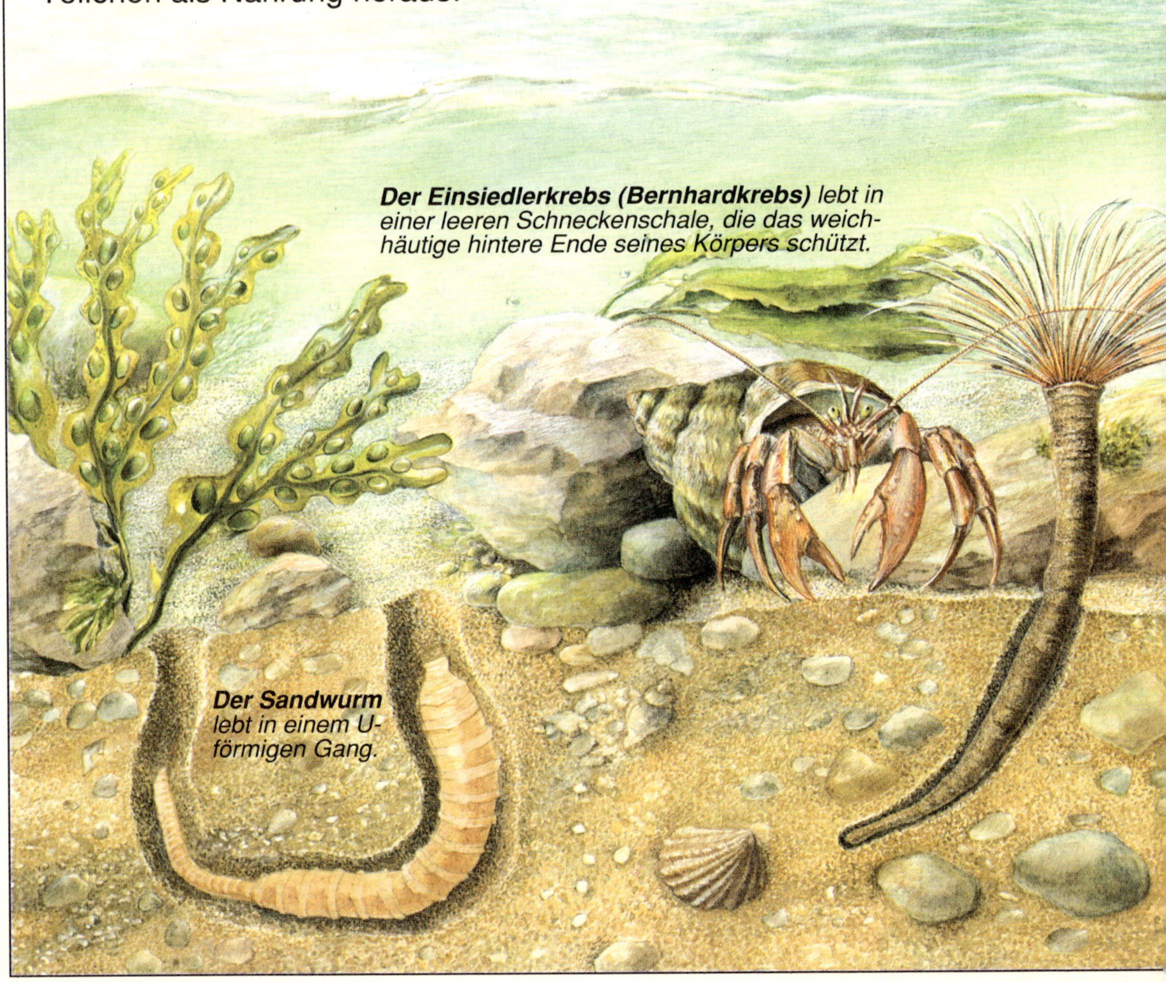

***Der Einsiedlerkrebs (Bernhardkrebs)** lebt in einer leeren Schneckenschale, die das weichhäutige hintere Ende seines Körpers schützt.*

***Der Sandwurm** lebt in einem U-förmigen Gang.*

Muschelzucht auf Muschelbänken
Die Schlickgebiete eignen sich wegen ihres Nahrungsreichtums besonders gut für die Muschelzucht. Da aber der zu schlammige Meeresboden dort das Aussetzen der Muscheln unmöglich macht, hat der Mensch dafür Muschelbänke angelegt. Sie bestehen aus Reihen von Pfählen, um die Taue mit der Muschelbrut gewickelt werden. Die Muschelbänke sind bei Ebbe begehbar.

Der Sanderling
ernährt sich von kleinen wirbellosen Tieren, die er bei Flut erjagt, wobei er wie ein aufgezogenes Spieltier den Wellen auf dem Strand vor- und nachläuft.

Bei Ebbe, während das Meer sich zurückzieht, stellen die wirbellosen Tiere ihre Nahrungssuche ein. Sie graben sich in den Schlick ein, bis nur noch eine kringelförmige Spur auf ihr Vorhandensein hinweist. Genau an diesen Stellen bohren dann die Schnepfenvögel ihre Schnäbel mehr oder weniger tief in den Grund, ziehen die Würmer heraus und verspeisen sie. Die Möwen hingegen begnügen sich mit pflanzlichen und tierischen Überresten, die das Meer zurückläßt.

Die Felsküsten

Die felsigen Küstenstriche weisen, je nach Gesteinsart, einen großen Formenreichtum auf. Lange Steilküsten aus Kreidefelsen säumen beide Seiten des Ärmelkanals, während die Pointe du Raz in der Bretagne hauptsächlich aus Granit besteht. Die Tier- und Pflanzenwelt der Felsküsten ist im Wechsel der Gezeiten dem Leben an der Luft und im Wasser ausgesetzt.

Kalkklippen
Weiche Gesteinsarten – wie z.B. Kalkstein – bilden solche Steilküsten. Sie erschweren die Ansiedlung von Lebewesen, denn sie zerbröckeln unter dem Aufprall der Brandung, so daß ihre Bewohner leicht obdachlos werden.

*Solche **Brandungstore** entstehen durch den seitlichen Aufprall der Wellen, der die weicheren Teile des Gesteins herausspült, bis schließlich der Fels durchlöchert ist.*

Das Meer nagt an den Felsküsten
Felsküsten sind im allgemeinen ständiger Erosion durch die Wellen ausgesetzt. Nicht nur das Wasser, sondern auch die mit angespülten Steine darin schlagen auf den Klippen oder dem unteren Teil des Kliffs auf und bringen es zum Einsturz. Wellen und Strömung können die Gesteinsbrocken wegschaffen (Strandverdriftung).

Der Kormoran
überwintert an den Küsten des Ärmelkanals und des Atlantiks. Im Frühling nistet er an den Steilküsten.

Die Küsten des Mittelmeeres

Im Mittelmeer sind die Gezeiten schwach, die Stürme kurz und die Wellen nie sehr hoch. Daher ist die Erosionswirkung der Wellen an seinen Felsständen weniger stark als die des Windes. In Frankreich bestehen die Mittelmeerküsten aus Felsplateaus, die mit Rotalgenkalk (versteinerten roten Algen) überkrustet sind. Felsige Vorgebirge wechseln mit Sandstränden ab.

***Die Umweltverschmutzung** hat auch die Mittelmeerküsten nicht verschont. Die früher dort zahlreichen Meerestiere meiden heute den Küstenstreifen.*

Die Mönchsrobbe
ist ein im Meer lebendes Säugetier, das früher auch im Mittelmeer häufig zu sehen war. Seit der Verschmutzung der Strände durch die Menschen ist sie dort nur noch selten zu finden.

Die Klippen der Bretagne

Die Pointe du Raz ist ein 72 m hohes Vorgebirge aus Granit. Die zerklüfteten Felsen bieten zahlreichen Seevögeln Unterschlupf. Das Naturschutzgebiet der Sieben Inseln (Sept Îles) beherbergt die letzte Baßtölpel-Kolonie Frankreichs.

***Die Felsen** bieten Organismen wie Miesmuscheln, Seeanemonen oder Algen mit speziellen Haftorganen eine feste Unterlage, von der das Wasser sie nicht mehr fortspülen kann.*

Das Leben an den Felsküsten

Das Leben im Wasser und am Land

Auf der Gezeitenzone, die bei Ebbe nicht überflutet ist, verteilen sich die Lebewesen je nach Fähigkeit, auf dem Trockenen zu überleben. Pflanzen und Tiere, die den obersten Rand des Strandes besiedeln, sind die widerstandsfähigsten, denn sie müssen am längsten ohne Wasser auskommen.

Jedem Stockwerk seine Gäste

Auf den höchsten Felsen, die nur vom Gischt der Brandung besprüht werden, leben Flechten und Blaualgen.
Der Uferstreifen, durch die Gezeiten abwechselnd bedeckt und freigelegt, wird von Seepocken, Napfschnecken und Miesmuscheln bewohnt. Dort gibt es auch Blasentang und Riementang.
Die Vielfalt des Lebens ist dort am größten, wo die Felsen fast ständig unter Wasser stehen: Zahlreiche Algenarten bieten hier den Seesternen und den Krabben Unterschlupf.

Die Vogelwelt der Steilküsten

Über ein Dutzend Vogelarten nisten in den Steilküsten Europas. Sie verteilen sich auf die verschiedenen Höhenregionen.

Die Baßtölpel *bewohnen den oberen Rand des Kliffs.*

Die Dreizehenmöwen *bauen auf kleinen Felsvorsprüngen ihre Nester mit hohen Rändern, damit die Eier nicht herausfallen können.*

Die Trottellummen *hausen dicht nebeneinander im Mittelstreifen der Kliffs.*

Dreizehenmöwe

Die Kormorane *teilen sich den Lebensraum am Fuß der Klippen mit den Lummen.*

Die Miesmuscheln *holen sich mit einer Art Filter Mikroorganismen als Nahrung aus dem Wasser.*

Die Schleimfische *haben keine Schuppen. Eine Schleimschicht schützt ihre Haut vor dem Austrocknen.*

Der Seestern *frißt Muscheln, deren Schalen er mit seinen Saugfüßchen öffnet.*

Lagunen und Deltaküsten

Einige europäische Flüsse, wie der Rhein, die Donau oder der Guadalquivir, haben an ihrer Mündung ins Meer Lagunen und Flußdeltas gebildet. Für den Menschen sind sie schwer zugänglich, dafür beherbergen sie eine Tier- und Pflanzenwelt besonderer Art. Vögeln bieten sie reichlich Nahrung sowie sichere Nistplätze. Ein solches Flußdelta ist die Camargue (Frankreich).

Flußdeltas *sind Schwemmlandgebiete aus Sand, Geröll und Schlamm, die der Fluß an seiner Mündung ablagert.*

Lagunen oder Haffs *sind Wasserflächen, die durch einen Sandwall (Nehrung) eingeschlossen sind. Oft stehen sie mit dem Meer in Verbindung, daher ist ihr Wasser salzig.*

① ***Die Wildpferde der Camargue*** *sind silbergrau und bei den Hirten als geschickte Helfer beim Hüten und Trennen der Stiere beliebt.*

② ***Die Camargue-Stiere*** *sind klein, haben ein dunkles Fell und leierförmig geschweifte Hörner. Sie werden wie die Pferde halbwild aufgezogen.*

③ ***Die Seeschwalbe*** *taucht zwar selten, fliegt aber ganz knapp über dem Wasser auf der Suche nach Insekten, Krebsen und Fröschen. Sie ist hier nur Sommergast.*

***Die Krickente** verbringt die kalte Jahreszeit in der Camargue. Ihr folgen – wie auch bei anderen Zugvögeln – ihre Hauptfeinde: Adler, Falken und Bussarde.*

④ ***Die Rotflügelbrachschwalbe** sieht wie eine große Schwalbe aus. Ihr Nest hat direkt auf dem Boden, im Hufabdruck von Pferden oder Stieren Platz.*

⑤ ***Die rosa Flamingos** bilden die größte Vogelkolonie der Camargue. Die Weibchen legen ihre Eier in einem kegelförmigen Schlammnest im Flachwasser ab.*

Lebensraum – von Flüssen geschaffen

Flüsse, die viel Wasser führen, lagern an ihrer Mündung ins Meer große Mengen von angeschwemmtem Material ab. Schwache Gezeiten können diese Ablagerungen nicht verhindern. Die Rhône in Frankreich oder der Po in Italien bilden auf diese Weise Flußdeltas und tragen zur Bildung von Lagunen und Sumpfgebieten bei. Die **Camargue** ist das Schwemmland im Rhône-Delta. Der Wind formt die Dünen, das Salz bestimmt die Flora und das Wasser mildert die Dürreperioden. Typisch für die Landschaft salzhaltiger Böden sind Pflanzen wie die Salzmelde, Strandflieder und Queller.

Die Carmarque: ein Vogelparadies

Sehr viele Vogelarten finden Nahrungsquellen und Brutplätze oder überwintern hier. Bestimmte Arten brüten nirgendwo sonst in Frankreich. Dies trifft insbesondere für die Seeschwalbe, den rosa Flamingo oder die Brachschwalbe zu.

Seen und Teiche

Wenn man die Oberfläche der Weltmeere mit der Gesamtfläche der Süßwasserseen und -teiche vergleicht, nehmen letztere nur einen sehr kleinen Teil der Erdoberfläche ein. Sie haben jedoch eine große Vielfalt an Tier- und Pflanzenarten hervorgebracht, die diesem Lebensraum gut angepaßt sind.

Seichte und tiefe Gewässer
In einem Teich ist das Wasser nicht sehr tief, das Licht dringt leicht bis zum Teichboden. Daher leben viele Wasserpflanzen auf dem gesamten schlammigen Teichboden. Hingegen kann sich in den tiefen, lichtlosen und kalten Wasserschichten von Seen keine Vegetation entwickeln.

Die Entstehung des Lebens
Zum Zeitpunkt ihrer Entstehung ist in stehenden Gewässern nicht sehr viel Leben zu finden. Doch mit der Zeit bringen der Wind, die Vögel und das zufließende Wasser neue Lebenskeime. Pflanzen wurzeln im Schlamm und wachsen am Ufer. Die Zersetzung dieser Pflanzen reichert den Grund mit nährstoffreichem Schlamm an und trägt so zum Wachstum der Pflanzen- und Tierwelt bei.

__Der Laubfrosch__ besitzt zwar Lungen, atmet aber hauptsächlich durch seine feuchte und luftdurchlässige Haut Sauerstoff ein.

__Die Sumpfschildkröte__ hat Schwimmhäute sowie einen weniger dicken und flacher gewölbten Panzer als die Landschildkröte. Sie frißt Insekten und Weichtiere.

__Der Stichling__ liebt vor allem vegetationsreiche Gewässer. Seine Nahrung besteht aus Kleintieren und den Eiern anderer Fische.

__Der Karpfen__ wird bis zu 70 cm lang und 15 kg schwer. Er kann über 20 Jahre alt werden.

Schwimmpflanzen, Wasserwurzler

In stehenden Gewässern entwickeln sich winzige Tier- und Pflanzenarten, die in fließenden Gewässern von der Strömung rasch mitgerissen würden. Schwimmpflanzen sind Pflanzen wie Wasserlinsen und Sumpfhahnenfuß, die an der Oberfläche treiben. Aber die meisten Pflanzen haben Wurzeln – wie auch die Seerosen.

__Die Stockente__ kann durch ihren abgeflachten Schnabel wie durch einen Filter Nahrung aus dem Wasser aufnehmen. Dies gilt auch für andere Schwimmenten.

Der __Wasserhahnenfuß__ mit seinen breit gelappten Schwimmblättern wurzelt im Boden wie die meisten Teichpflanzen.

__Die Ringelnatter__ mit ihrem spitz zulaufenden Kopf und den nach oben gerichteten Nasenlöchern ist dem Leben im Wasser perfekt angepaßt.

__Der Wasserläufer__ kann dank seiner überdimensionalen Beine auf dem Wasser laufen.

__Der Hecht__ frißt Fische, Frösche und manchmal sogar Vögel.

Leben unter dem Eis

Fische wie Karpfen, Stichling und Schleie paaren und ernähren sich in geringer Wassertiefe. Wenn die Oberfläche zufriert, überwintern sie, indem sie sich im Bodenschlamm eingraben.

Flüsse und Bäche

Die Flüsse Europas sind zwar zahlreich, aber nur mäßig lang und führen nicht sehr viel Wasser. Bäche sind Wasserläufe, die zu den Flüssen fließen. Diese wiederum münden ins Meer. Bäche und Flüsse sind artenreiche, aber durch Verschmutzung stark bedrohte Lebensräume.

Der ewige Kreislauf von Süß- und Salzwasser
Die Verdunstung von Meerwasser sowie das Wasser, das die Pflanzen und die Atmung der Tiere und Menschen an die Luft abgegeben, reichern die Atmosphäre mit Wasserdampf an. Der Dampf kondensiert und kehrt in Form von Regen, Schnee oder Hagel auf die Erde zurück. Das Wasser fließt in die Bäche und Flüsse und schließlich ins Meer.

Die Wasseramsel *kann als einziger Sperlingsvogel tauchen und schwimmen. Sie lebt an klaren, schnellfließenden Gebirgsbächen.*

er Eisvogel
egt so schnell, daß er nur Augenblicke als metall- auer Pfeil im Vorüberflitzen sehen ist.

Der Fischotter
wurde wegen seines prachtvollen Pelzes schon immer gejagt. Heute gehört er zu den geschützten Arten.

Nahrungstransport im fließenden Wasser
Die Strömung sorgt für ständigen Nachschub der für Pflanzen und Tiere lebensnotwendigen Nahrungsbestandteile, die von der Flora und Fauna an den Ufern ins Wasser abgegeben werden. Sie vermischen sich mit dem mitgeführten Sand und Geschiebe.

Eine eher eintönige Pflanzenwelt
Die Flora an schnell fließenden Gewässern besteht aus Moospolstern auf den Steinen sowie aus – oft mikroskopisch kleinen – Algen. Nur an trägen und sumpfigen Wasserläufen ist sie vielfältiger, weil dort die Strömung die Nahrungsteilchen nicht fortreißt.

Die Wassermenge
ist je nach Klimazone, Jahreszeit und Niederschlägen verschieden: die Bäche können austrocknen oder über die Ufer treten. Die Strömung ist je nach Verlauf des Bachbetts verschieden stark. Stillwasserzonen bieten den Wasserbewohnern Zuflucht.

Das Leben der Tiere in Flüssen und Bächen

Die Tierwelt an den Wasserläufen
Zahlreiche Arten von Amphibien, Vögeln und Säugetieren bevölkern die Uferstreifen. Bestimmte Arten können sich nur am Wasser entwikkeln: Dies gilt vor allem für die Larven vieler Insekten. Manche Säugetiere suchen hier einen im Winter weniger kalten und im Sommer eher kühlen Lebensraum.
Biber, Fischotter und Nutria sind dem Wasserleben bestens angepaßte Säugetiere.

Anpassung an die Strömung
Die Larven vieler Insekten leben im Wasser, bis aus ihnen das fertige Insekt schlüpft, das dann am Land lebt.
Diese Larven halten sich mit ganz verschiedenen Haftsystemen an den Steinen fest. Auch die Fischeier haften an Gräsern, damit die Strömung sie nicht fortreißt.

① ***Die Larve der Köcherfliege*** *spinnt ein Fangnetz zwischen den Steinen.*

② ***Die Larve der Eintagsfliege*** *ist ganz flach.*

③ ***Die Larve der Kriebelmükke*** *besitzt Saugnäpfe.*

Die Fische der Fließgewässer
Sie suchen oft Schutz vor der Strömung hinter Steinen oder anderen Strömungshindernissen. Ihre Fortbewegung ist auf kurze Momente beschränkt. Manche – z.B. die Forelle – lieben steinigen Grund, andere leben halb vergraben im Schlamm oder Sand, wie z.B. der Aal. Wieder andere – z.B. der Hecht – bevorzugen pflanzenreiche, ruhige Gewässer.

Lachstreppen
Der Lachs laicht in den Flüssen. Die jungen Lachse schwimmen ins Meer und wachsen dort heran. Zum Laichen kehren sie an ihren Geburtsort zurück. Lachstreppen an Stauwehren erleichtern ihnen die Reise flußaufwärts.

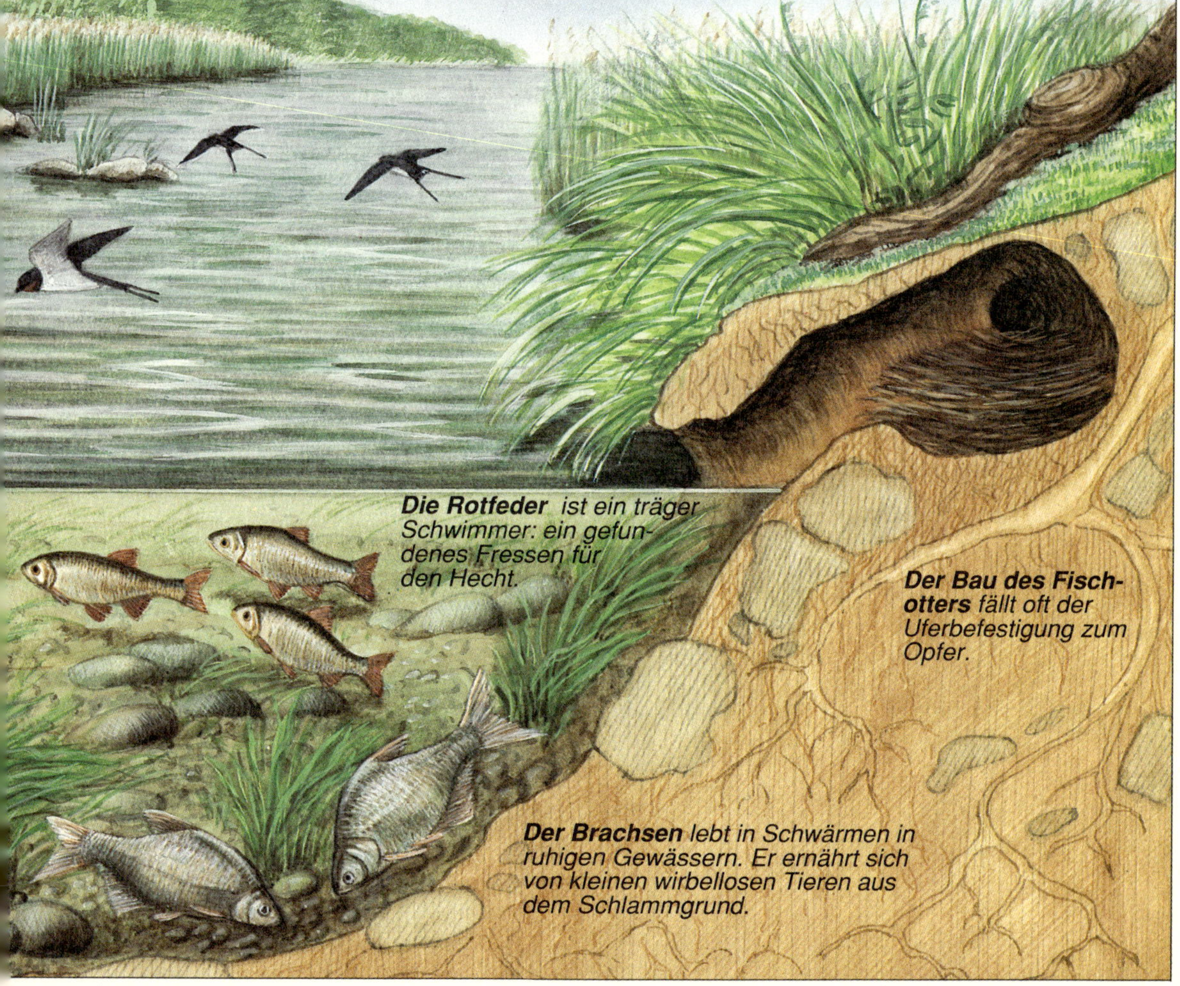

Die Heidelandschaften und Moore

Heiden sind baumlose Pflanzengesellschaften, in denen niedrige Erikagewächse die Pflanzendecke bilden. Besonders typisch sind die an ein ozeanisches Klima gebundenen nordwestdeutschen Heidegebiete. Durch reichliche Niederschläge kam es zu einer starken Auswaschung der Böden, so daß im Laufe der Zeit nährstoffarme sandige Böden mit saurer Rohhumusdecke entstanden sind. Über versumpfendem Mineralboden können sich auch Flachmoore oder an ständig durchfeuchteten Bodenoberflächen auch Hochmoore ausbilden.

Natürliche Heide
In Küstennähe lassen die heftigen Winde Bäume und Sträucher nicht aufkommen. Die Vegetation besteht dort aus niedrig wachsenden Pflanzen wie Heidekraut, Stechginster und Ginster, die auf dem meist sauren Boden wachsen.

Künstliche Heide
Im Landinneren hat der Mensch erst durch die Rodung der Wälder (Eichen und Kiefern), dann durch Überweidung Ödland entstehen lassen, das nun nur mehr eine spärliche Vegetation ohne richtige Bäume hervorbringt.

1 ***Der Ginster*** *mit seinen meist gelben Blüten blüht im Mai. Aus seinen Wurzeln gewann man früher einen gelben Farbstoff.*

2 ***Das Heidekraut (Erika)*** *ist eine vielseitig verwendbare Heilpflanze. Es ist die typische Pflanze der Heidelandschaften.*

Hochmoore und Niedermoore

Auf feuchten, sauren Böden gedeihen Moose, Sauer- und Süßgräser, aber auch fleischfressende Pflanzen wie z.B. Fettkraut oder Sonnentau. In den nährstoffarmen Hochmooren dominieren Torfmoosarten, die auch für die Torfbildung verantwortlich sind.

Wachstum einer Heidekrautpflanze

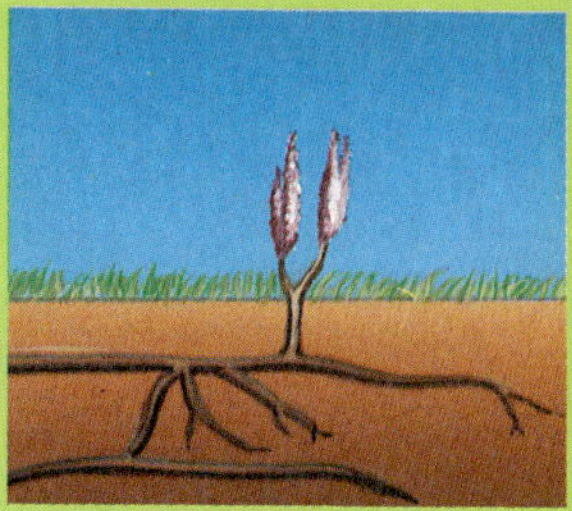

Das Heidekraut bildet 3-6 Jahre lang Wurzeln.

Das Polster wächst bis zum 15. Jahr in die Breite.

Ihre maximale Höhe erreicht die Pflanze nach 15-30 Jahren.

Das Polster welkt von der Mitte zum Rand hin.

3 ***Ein Torfmoor*** *ähnelt einem Wasserloch, das rundherum von schwimmenden Moos- und Lieschgras(Seggen)polstern umgeben ist.*

4 ***Der Stechginster*** *unterscheidet sich vom Ginster durch seine langen Dornen und dadurch, daß er erst später blüht.*

5 ***Die Torfmoose*** *bilden hellgrüne Polster. Sie können bis zum 40fachen ihres Eigengewichts an Wasser speichern.*

Das Leben der Tiere in der Heide und im Moor

Die Tierwelt ist nicht sehr artenreich
Die Fauna in den küstennahen Heidegebieten ist nicht sehr abwechslungsreich. Schuld daran ist teils das Fehlen von Bäumen, teils der Mangel an Nahrung. Manche Tierarten sind typisch für ihre Heidelandschaft, wie z.B. die Wiesen- und Kornweihe, der Regenbrachvogel, der Wiesenpieper oder das Moorschneehuhn im Norden Schottlands.

__Der Ziegenmelker__ ist eine Nachtschwalbe. In der Balzzeit (Frühjahr) ist nach Einbruch der Dunkelheit sein schnurrender Ruf weithin zu hören.

① ***Der Regenbrachvogel** ernährt sich hauptsächlich von wirbellosen Tieren. Auch er ist – wie viele andere Vögel – immer seltener zu sehen.*

② ***Der Wiesenpieper** gehört zur Familie der Stelzen und ist der typische Vogel der "Landes" am Atlantik. Die nördlich wohnenden Pieper sind teilweise Zugvögel.*

③ ***Die Wiesenweihe** ist ein Raubvogel, der bei Tag nach Beute jagt. Er ist vom Aussterben bedroht und gehört zu den geschützten Arten.*

Die Tiere helfen den Pflanzen

Viele Sträucher mit eßbaren Beeren, wie z.B. die Heidelbeeren, wachsen auf der Heide. Die Tiere, die sie fressen, scheiden mit dem Kot auch ihre Samen aus und sorgen so für ihre Verbreitung.

Die Schafe oder Heidschnukken *sind genügsame Tiere, die sich mit der spärlichen Vegetation der Heide zufriedengeben.*

Die Kreuzotter *ist nicht angriffslustig. In vielen Gebieten hat der Mensch sie völlig ausgerottet.*

④ ***Die Bergeidechse*** *liebt besonders die Torfmoore. Ihre Jungen schlüpfen vollentwickelt aus den Eiern, sobald sie gelegt sind.*

⑤ ***Der Feuersalamander*** *versteckt sich bei Tag im feuchten Moos. Bei Nacht jagt er Wirbellose, speziell Regenwürmer und Spinnen.*

Die Weihen

Wiesen- und Kornweihe ernähren sich von kleinen Säugetieren (Waldmaus, Spitzmaus). Früher wurden sie gejagt, heute bedroht die Trockenlegung der Moore ihre Jagd- und Brutgebiete. Die Bestände haben drastisch abgenommen.

Amphibien und Reptilien

Frösche und Salamander sind häufige Bewohner der Torfmoore, weil die Insekten ihnen dort reichlich Nahrung liefern. Auch einige Schlangenarten wie die Ringelnatter oder die Kreuzotter sowie die Bergeidechse sind dort heimisch.

Zahllose Insekten

Nachtfalter, Käfer und Raupen ernähren sich von jungen Trieben und Blättern. Die Raupen sondern eine Hülle aus feinsten Bläschen ab und kleben sich damit auf der Pflanze fest. Die Insekten ihrerseits sind willkommene Beute für Eidechsen, Spitzmäuse und bestimmte Vogelarten.

Wiesen und Hecken

Ackerland und Weideflächen haben nach und nach die Wälder, die früher ganz Europa bedeckten, ersetzt. So sind unter dem Einfluß des Menschen Wiesen und Weiden entstanden. Dort leben Tiere, die offene Flächen dem Unterholz vorziehen.

In der Hecke, unter der Erde

Die Hecken werden vom Menschen als lebende Zäune oder aber als Windschutz für Felder und Wiesen angelegt. Vögel und Insekten finden in ihnen reiche Nahrung und Unterschlupf. Viele Tiere graben unterirdische Gänge. Kaninchen leben familienweise in ihrem Bau, sie gehen nachts auf Nahrungssuche. Maulwürfe hingegen kommen nur selten an die Oberfläche.

Der Hänfling *singt gern und baut sein Nest in dichten Hecken.*

Das Mauswiesel *ist klein genug, um Wühlmäuse und Feldmäuse in ihren Erdlöchern aufzustöbern und zu fressen.*

Der Maulwurf *gräbt sich mit seinen schaufelförmigen Händen unter der Erde durch und schafft die Graberde hinaus.*

Der Maulwurfshügel *ist ein Häufchen vom Maulwurf nach draußen geschaffter Erde.*

Die Zerstörung der Hecken

Kleine Nager (wie die Feldmäuse) ernähren sich hauptsächlich von Früchten und Trieben. In manchen Regionen zerstört man die Hecken, um die Anbauflächen zu vergrößern. Die Nagetiere gehen dann auf die Kulturen los.

So wird aus Wiesen wieder Wald

Wenn eine Wiese nicht mehr beweidet oder gemäht wird, kehrt der Urzustand zurück. Zuerst überwuchern Büsche das Gras, später entwickeln sich junge Baumtriebe im Schutz des Dickichts. Die Bäume wachsen, die Büsche bekommen kein Licht mehr und sterben ab.

***Der Kuckuck** baut kein Nest. Er legt sein Ei in das Nest eines anderen Vogels (z.B. Zaunkönigs), der das Ei ausbrütet und das Junge wie sein eigenes aufzieht.*

***Die Saatkrähen** leben in Gruppen. Sie fangen schädliche Insekten. Sie nisten in Kolonien und benützen gemeinschaftliche Schlafplätze.*

***Die Feldlerche** baut ihr Nest aus Gras und Stroh im Grasboden.*

***Die Feldmaus** hat spitze Schneidezähne, mit denen sie Haselnüsse aufbeißen kann. Die Nahrung kaut sie dann mit den Backenzähnen.*

Buschsteppen

Zwergstrauchheiden oder Buschsteppen wie die Garigue und die Macchie sind Pflanzen-Formationen, die durch die Abholzung der Wälder im gesamten Mittelmeergebiet entstanden sind. Im Frühjahr blüht die reiche Vegetation in leuchtenden Farben. Beide Lebensräume beherbergen wenig Säugetiere, aber viele Reptilien und Insekten.

Die Garigue ist eine besondere Vegetationsform der Mittelmeerküste, die reich an Zwergsträuchern ist und eine lichte Buschformation ausbildet. An vielen Stellen tritt das nackte Kalkgestein zutage. Es gibt dort nur wenig Bäume, die in Gruppen beisammenstehen.

Die Macchie ist eine Gebüschformation, die sich auf kalkarmen Böden entwickelt. Sie bildet ein undurchdringliches Dickicht aus Hartlaub-Sträuchern und Lianen. Die Tierwelt ist fast dieselbe wie in der Garigue. Im Frühling blüht sie üppig, wobei die vielen aromatischen Kräuter einen betäubenden Duft ausströmen.

Anpassung an die Trockenheit
In diesen Gebieten mit ihren sehr heißen und trockenen Sommern, aber regenreichen Wintern, wachsen und blühen Pflanzen wie Lavendel, Rosmarin, Myrte, Lorbeer, Baumheide oder Erdbeerbaum. Viele Arten sind reich an leichtflüchtigen Ölen und Harzen oder haben Anpassungen an die sommerliche Trockenheit hervorgebracht.

Die Samtkopfgrasmücke ist dank ihres charakteristischen Rufes leicht zu orten, aber schwer zu beobachten, da sie fast unsichtbar im Gebüsch herumfliegt.

Das Stachelschwein ist ein großes Nagetier (10-15 kg) Südeuropas. Es frißt Wurzeln und Knollen, Früchte und Rinde.

Die Etruskerspitzmaus ist das kleinste Landsäugetier Europas (4 cm, 2 g).

Die Eidechsennatter kann über 1 m lang werden.

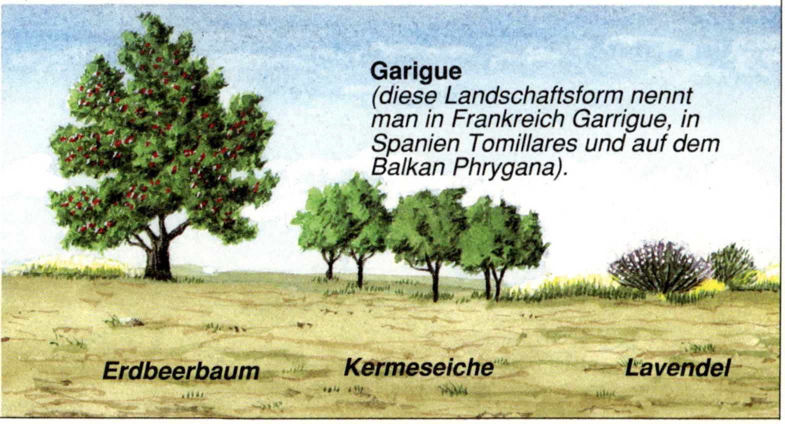

Der Wald in der gemäßigten Zone

Die Waldgebiete in gemäßigten Breiten gehören zu zwei großen Landschaftstypen: den Laubwäldern, die ihr Laub im Winter abwerfen, und den Mischwäldern, die in den etwas kälteren Gebieten vorherrschen. Dort wachsen Laubbäume und Koniferen nebeneinander.

So überwintern Tiere
Die Zugvögel verbringen den Winter im Süden. Biber legen sich ein Astlager an, Eichhörnchen vergraben Baumsamen, Feldmäuse graben Gänge als Zuflucht vor dem Schnee.

Die Schichtung im Laubwald
Die Vegetation gliedert sich in verschiedene Zonen. Die Baumwipfel bilden ein Gewölbe aus Blattwerk. Darunter ist eine Schicht kleinerer Bäume, die Schatten vertragen. Es folgen die Sträucher und Büsche, dann in der Krautschicht die Farne und krautartigen Blütenpflanzen. Zwischen den niedrigen Kräutern wachsen am Waldboden auch Pilze und Moose.

1 ***Das Eichhörnchen** ernährt sich von Samen, Früchten und Knospen und von Insekteneiern. Dieses bei Tag jagende Nagetier hält einen Winterschlaf.*

2 ***Das Wildschwein** wühlt im Waldboden nach Knollen und Wurzelstöcken. Beim Keiler sind die 4 Eckzähne zu furchterregenden Hauern ausgebildet.*

Die Jahreszeiten im Wald

Im Frühling läßt das Blattwerk das Sonnenlicht noch durch: Buschwindröschen und Hyazinthen blühen. Im Sommer überleben nur Gräser und Büsche den Lichtmangel im Unterholz. Im Herbst werden Eicheln und Bucheckern reif. Die Blätter fallen ab, der Wald stellt sich auf den Winter ein.

Buche

Esche

Birke

Stieleiche

3 ***Der Waldkauz**, auch Käuzchen genannt, ist ein Nachtvogel. Im Gegensatz zur Waldohreule fehlen auf seinem Kopf die Ohrbüschel.*

4 ***Die Rötelmaus** lebt meist in Erdlöchern. Die kalten Winter übersteht sie in Gängen, die sie unter dem Schnee gräbt.*

5 ***Der Buntspecht** holt mit seiner harpunenartig geformten, schmalen und langen Zunge Insektenlarven aus dem Baumstamm.*

Die Nadelwälder Nordeuropas

Die Taiga erstreckt sich über die kalten Gebiete im Norden Europas und Asiens. Sie bedeckt Tausende von Quadratkilometern: sumpfige Ebenen, Hügelland, ja sogar Gebirgskämme. Zum Großteil besteht sie aus Nadelwald (Fichten-, Kiefern- und Lärchentaiga). Auf Lichtungen oder in der Nähe von Seen und Teichen kommen aber auch Erlen, Weiden und Beerensträucher wie Wacholder- oder Heidelbeeren vor.

Bäume und Pflanzen der Taiga
Wegen des rauhen Klimas besteht die Taiga vorwiegend aus immergrünen Nadelbäumen wie Kiefer, Tanne und Fichte, aber man findet dort auch Lärchen, die ihre Nadeln im Winter verlieren, und widerstandsfähige Laubbäume wie Birken und Pappeln. Da ihre dichtstehenden Wipfel nur wenig Licht durchlassen, ist die Taiga relativ artenarm, vor allem die Krautschicht ist meist nur sehr dürftig entwickelt. Dafür sind Moose, Pilze und Flechten reichlich vertreten.

***Der Vielfraß** ist ein fleischfressendes Säugetier. Es lebt hauptsächlich am Boden, kann aber auch auf Bäume klettern. Obwohl er kaum größer als 1 m wird, greift er manchmal auch Hirsche und Elche an.*

Die Vögel
Die Nadelwälder bieten vielen Vogelarten reichlich Nahrung. Ihre Samen schmecken dem Unglückshäher und dem Kreuzschnabel. In den kurzen Sommern fallen Fliegen- und Mückenschwärme über die Taiga her – Leckerbissen für Grasmücken und Fliegenschnäpper, die aus dem Süden kommen.

Ein bedrohter Lebensraum
Wälder bedeckten früher den Großteil Europas. Aber die Bewirtschaftung des Waldes durch den Menschen hat das Aussterben verschiedener Tierarten zur Folge. Der Wolf z.B. ist aus Westeuropa völlig verschwunden, der Wisent lebt nur noch in ein paar Waldgebieten von Polen und in der Sowjetunion. Die Veränderungen in der Tierwelt haben die sprunghafte Vermehrung anderer Arten, vor allem der Nagetiere, begünstigt. Diese sind so wild auf junge Triebe und Wurzeln, daß sie manchmal, wenn sie überhandnehmen, das Nachwachsen des Waldes verhindern.

***Der Kreuzschnabel** kann dank seiner typischen Schnabelform die Samen aus den Zapfen herausholen.*

***Die Waldschnepfe** nistet in den Sumpfwäldern. Im Winter zieht sie fort nach Afrika.*

***Der Elch** ist der größte Vertreter der Hirsche. Am Widerrist kann er über 1,80 m Höhe erreichen!*

Die Alpen

Die Alpen sind die größte Gebirgskette in Europa. Sie erstrecken sich vom Mittelmeer bis zur Donau quer durch Mitteleuropa. Sie sind ein typisches Hochgebirge der gemäßigten Klimazone. Die manchmal hohe Feuchtigkeit, die Kälte und die plötzlichen Temperaturschwankungen stellen an die Widerstandsfähigkeit der Pflanzen hohe Anforderungen.

Das Klima ändert sich mit der Seehöhe

Mit ansteigender Seehöhe sinkt die Temperatur um etwa 1 Grad Celsius pro 200 Meter. Außerdem schwankt sie stark zwischen Südhängen, die voll der Sonne ausgesetzt sind, und Nordhängen, die viel Schatten haben und länger verschneit bleiben.

Vegetationsstufen in den Alpen	
4 500 m **Schnee-, Eisregion**	Schnee Geröll Flechten, Moose
3 000 m **Hochgebirgsregion**	Alpine Zwergstrauchheiden, Krummholz Almwiesen (niedrige Gräser, Büsche)
2 000 m **Bergwaldstufe**	Nadelwälder Mischwälder Laubwälder
900 m **Hügelregion**	Landwirtschaftlich genutzte Flächen

***Die Lärche** wächst in Höhen bis über 2000 m. Sie braucht viel Sonne und kann mit ihren tiefreichenden Wurzelwerk auch an trockenen Standorten wachsen.*

***Das schwarze Kohlröschen**, eine kleine Orchideenart, duftet nach Vanille und wächst auf sonnigen Bergwiesen zwischen 1 500 und 2 600 m.*

Der Schnee als Schutzschicht
Die Schneedecke schützt die Pflanzen vor dem rauhen Winter. Unter dem Schnee bleibt nämlich die Feuchtigkeit konstant und die Temperatur höher als im Freien. Ohne diesen Schutzschild wären viele Pflanzen den eiskalten Stürmen ausgesetzt. Sobald der Schnee in der Frühjahrssonne wegschmilzt, können sie sich rasch entwickeln.

Die Gletscher sind Flüsse aus Eis
Ein Gletscher besteht aus Schnee- und Eisschichten, die sich hoch oben im Gebirge gebildet haben und dann sehr langsam zu Tal bewegen. Er bildet eine – manchmal kilometerbreite – Zunge aus Eis. Solche Eisströme können aus einem Hauptarm oder mehreren zusammenfließenden Feldern bestehen.

Der Kampf gegen die Austrocknung
Wenn im Winter der Wind bläst, verdunsten die Pflanzen mehr Wasser, als sie über das Wurzelwerk nachführen können, und vertrocknen deshalb leicht. Vom Schnee nicht geschützte Pflanzen und solche, die aus dem gefrorenen Boden kein Wasser erhalten können, haben kleine Blätter, um die Verdunstung herabzusetzen.

***Die Silberdistel** hat einen so gestauchten Sproß, daß sie direkt im Boden zu wurzeln scheint. Sie blüht im Juli und August bis 2 500 m Höhe.*

Das Edelweiß mit seinem weißfilzigen Haarkleid auf den Blättern ist eine von den Touristen heiß ersehnte Trophäe – aber geschützt.

Die Tierwelt der Hochgebirge

Jede Höhenregion hat ihre Fauna
Tiere wandern manchmal von einer Region zur anderen, um Nahrung zu suchen oder um der Wintersnot zu entgehen. Die meisten bleiben aber innerhalb genau abgegrenzter Gebiete. In den Wäldern der niederen Regionen leben Rothirsche, Kaninchen, Schneehasen und Auerhähne. Oberhalb der Waldgrenze ist das Gebiet gut kletternder Säugetiere wie Steinbock und Gemse. Auf den Almwiesen tummeln sich die Murmeltiere.

Das Überleben im Winter
Im Winter suchen die meisten Tiere tiefere Regionen auf. Bestimmte Arten aber bleiben. Die Murmeltiere halten ihren Winterschlaf im Bau, nachdem sie den Eingang mit Blättern und Gras zugestopft haben. Die Schneehasen überwintern im Freiland: Sie ernähren sich von Zweigen und Rinde.

***Die Gemse** lebt am Rand der Firnfelder, wo sie würzige Alpenkräuter findet. Sie springt leichtfüßig auch über mehrere Meter breite Klüfte.*

***Die Schneemaus** lebt im Geröll oder unter Felsen in 1700-2000 m Höhe. Im Winter gräbt sie sich Gänge unter dem Schnee.*

***Der Alpensteinbock** hat biegsame Hufe mit weichen Sohlen, die ihm im steilen Gelände guten Halt verschaffen.*

***Der Schneehase** wohnt in der Region über 2000 m. Sein Fell ist im Sommer braun, im Winter weiß.*

Felsenhorste statt Nester

Da es in der Felsregion kaum Bäume gibt, müssen die Vögel andere Nistplätze suchen. Der Steinadler baut seinen Horst auf unzugängliche Vorsprünge in die Felswand. Der Mauerläufer kleidet seinen Nistplatz in Felsspalten mit Gras und Moos aus.

***Der Steinadler** ist ein Raubvogel, seine Flügelspannweite mißt 2 m. Das Weibchen legt ein oder zwei Eier. Manchmal löst das Männchen es beim Brüten ab.*

Insekten und Vögel

Weil die Insekten ihre Körpertemperatur nicht selbst steuern können, halten sie es nur zwei Monate lang im Hochgebirge aus. Daher sind die Körner- und Pflanzenfresser unter den Vögeln hier zahlreicher als die Insektenfresser.

***Das Murmeltier** setzt Fettpolster an, die es im Winter vor der Kälte schützen.*

***Der Mauerläufer** ist etwa 15 cm lang. Er frißt Insekten, Larven und Spinnen und kehrt im Winter in die Niederungen zurück.*

Die Tier- und Pflanzenwelt in den Städten

Die verschmutzte Umwelt und der Mangel an Grünflächen lassen die Städte wenig geeignet für die Tiere erscheinen. Manche Arten finden dennoch dort ausreichend Nahrung und Unterschlupf. Oft können sie nur mit Hilfe der Menschen überleben. Wenn genügend Wasser, Licht und Nährboden vorhanden ist, gedeihen in den Städten auch Pflanzen.

Woher kommen die Pflanzen?
Was auf ungenutzten Flächen wächst, kann entweder aus Samen stammen, die die Vögel unverdaut ausscheiden, oder aus Obst- und Gemüseabfällen. Kastanien oder Platanen sind aber von Menschen gepflanzt.

Woher kommen die Tiere in den Städten?
Die Hausdächer beherbergen Stare, Schwalben, Mauersegler und Spatzen, die Gesimse Tauben, Keller und Kanalisation Wanderratten. Unter Fußböden und auf den Dachböden leben Mäuse.

Die ausgefallene Flora der Städte
In der Stadt wachsen Pflanzen oft an den ausgefallensten Stellen: am Straßenrand, zwischen Straßenbahnschienen, auf Schuttplätzen, in den Parks, ja selbst in Gehsteigritzen. An Hauswänden ranken sich Efeu und andere Kletterpflanzen empor, die sich mit Ranken und Haftorganen am Mauerwerk und in Ritzen festhalten.

***Der Mauersegler** wird oft mit der Schwalbe verwechselt.*

***Die Hausmaus** findet in den Häusern der Menschen Nahrung und Schutz vor schlechtem Wetter.*

① ***Die Platane** ist kein Waldbaum, wird aber oft als Alleebaum und in den Parks und öffentlichen Anlagen gepflanzt.*

② ***Der Haussperling** oder **Spatz** ist in den Städten häufig zu Gast. Sein Nest baut er in Bäumen und Dachrinnen.*

Die Tauben haben sich eingebürgert

Tauben waren nicht von jeher Stadtbewohner. In Europa wurden sie wegen ihres zarten Fleisches und als Brieftauben als Haustiere gehalten. Die Stadttauben sind Abkömmlinge gezähmter Wildtauben. In großen Städten wie z.B. Venedig haben sie so überhandgenommen, daß man heute versucht, ihre Zahl zu reduzieren.

③ ***Stare*** *bewohnten früher hauptsächlich Laubwälder, sind aber auch in den Städten heimisch geworden.*

④ ***Die Mehlschwalbe*** *ist in den Städten häufig zu sehen. Sie baut ihr Nest aus Lehm und Speichel mit einer seitlichen Öffnung.*

⑤ ***Der Efeu*** *mag gern schattige Mauern, an denen er sich mit seinen Haftwurzeln mühelos emporrankt.*

LEBENSRÄUME IN AFRIKA

Der Äquator durchquert Afrika fast genau in der Mitte. Daher hat dieser Kontinent ein heißes Klima. Aber je nachdem, ob die Hitze von Regenfällen begleitet ist oder nicht, hat sie verschiedene Auswirkungen.

Im regenarmen Gebiet der Wendekreise liegen große Wüstengebiete. Im niederschlagsreicheren Klima am Äquator wachsen dichte Regenwälder. Zwischen diesen beiden Zonen überwiegen Trockenwälder und Savannen. Viele Tiere leben noch in freier Wildbahn. Da aber viele Arten von der Zerstörung ihres Lebensraums oder von Wilddieben bedroht sind, mußten zu ihrer Erhaltung Naturparks und Reservate angelegt werden.

Sieben Landschaftsformen

1 Kilimandjaro, Tansania
2 Assalsee, Djibouti
3 Hoggargebirge, Algerien
4 Victoriafälle, Sambia
5 Turkanasee, Kenia
6 Tassili n'Ajjer, Sahara
7 Sanddünen, Algerien

5

6

7

Die Savannen Afrikas

In den Tropengebieten Afrikas liegen die Savannen. Ihre Vegetation besteht aus Grasfluren, die von Bauminseln und Büschen durchsetzt sind. Das Leben in der Savanne wird bestimmt durch den Wechsel von Trocken- und Regenzeit im Jahresverlauf. Man kennt drei Typen von Savannen: Feucht-, Trocken- und Dornsavannen.

Heimische Pflanzen

Die Gräser der Savanne sind besonders unempfindlich gegen die Trokkenheit. Wenn es regnet, wachsen sie sehr schnell. Die wichtigsten Baumarten sind Schirm-Akazien, Combretum-Trockengehölze, der Miombo-Baum, der Baobab oder Affenbrotbaum, aber auch Palmen. Sie spenden während der heißen Tagesstunden den großen Tieren Schatten und bieten den Vögeln Unterschlupf.

Die Buschfeuer

Alljährlich stecken die Hirten und Feldbauern die Savanne in Brand. Die Hitze der Buschfeuer läßt die Pflanzen neue, grüne Triebe entwikkeln. Gleichzeitig verhindern sie das Wachsen von Buschwerk und roden Lichtungen für die Tiere. Sie schaden aber auch den Bäumen. Daher müssen sie auf den Beginn der Trockenzeit, solange der Boden noch Wasser speichert, und auf genau umgrenzte Gebiete beschränkt werden.

__Termitenbauten__ finden sich überall in der Savanne. Es sind Erdbauten der Termiten, staatenbildender Insektenvölker. Die Termiten ernähren sich von Holz und tragen damit zur Bodenbildung und zur Entwicklung junger Triebe bei.

__Akazien__ sind beliebte Nistplätze der Webervögel. Ihre Blätter und Hülsenfrüchte werden von Wiederkäuern abgeweidet.

Die Wasserstellen – Treffpunkt der Vögel

Die Flüsse führen nur während der Regenzeit Wasser. Sonst gibt es nur Wasserstellen, überschwemmte Grasflächen, die während der Dürrezeit großteils verschwinden. Störche, Silberreiher, Löffler, Ibisse und afrikanische Kormorane suchen dort nach Fischen, Fröschen und Weichtieren. Zugvögel wie die Spießente und der Weißstorch überwintern hier.

Baobabs (Affenbrotbäume) *dienen vor allem Raubvögeln wie den Geiern als Quartier.*

__Termitenerde__ ist für zahlreiche Insektenfresser ein Leckerbissen, denn sie enthält viele Mineralsalze.

Elefanten, Flußpferde und Büffel *suhlen sich im Schlamm, um sich abzukühlen und die Parasiten in ihrer Haut loszuwerden.*

Die Tiere der Savannen

Grasfresser und Fleischfresser

Mehr als 50 große Säugetierarten leben in der Savanne. Davon sind die meisten Grasfresser: Antilopen, Gazellen, Giraffen, Elefanten und Büffel. Sie wiederum werden gefressen von Fleischfressern, wie z.B. den Raubkatzen, und von Aasfressern, die sich von toten Tieren ernähren (Geier, Hyänen).

Jeder Tierart schmeckt etwas anderes

Der Pavian frißt Pflanzen, Insekten, Würmer, Eier, Eidechsen und junge Antilopen. Das Schuppentier fängt mit seiner Zunge Ameisen. Das Spitzmaulnashorn, die Giraffe und der Springbock äsen Blätter, junge Triebe und Knospen. Der Elefant verzehrt alle Pflanzenteile (Blätter, Früchte, Rinde, Wurzeln). Seine Futterration erreicht 100-200 Kilo pro Tag.

Wählen mit Bedacht

Die Gnus und die Büffel fressen viele Pflanzen. Aber je nach Ort, Jahres- oder Tageszeit können sie auch verschiedene Teile ein- und derselben Pflanze bevorzugen. Flußpferde und Elefanten weiden die hohen Gräser ab, Zebras, Büffel und Gnus die niedrigen.

***Die Giraffe** ist das einzige Tier, das dank seiner Größe (bis zu 5,80 m!) auch die obersten Blätter der Akazien erreichen kann.*

Jäger und Gejagte

Die Grasfresser leben meist in Herden, um sich gegen Angreifer besser verteiden zu können.
Löwinnen gehen oft zu mehreren auf die Jagd. Erst schleichen sie sich an, dann springen sie ihre Beute an. Gepard und Leopard hingegen jagen im Alleingang.

Weite Wege

In der Trockenzeit wandern die Gras- und Fleischfresser täglich zur Tränke. Gazellen und Giraffen ertragen die Trockenheit gut, weil sie das in den Pflanzen enthaltene Wasser verwerten. Wenn im Serengeti-Nationalpark in Tansanien am Ende der Regenzeit das Gras verdorrt, ziehen ganze Herden von Gnus, Zebras und Thomsongazellen auf der Suche nach neuem Weideland gegen Norden.

***Die Hyänenhunde** beißen ihre Opfer so lange, bis sie zusammenbrechen.*

Die Hyänen, die Geier und die Schakale vertilgen, was die großen Raubtiere übriglassen.

Die Wüsten

Zu den Wüstenregionen in Afrika gehören die Sahara im Norden, die Kalahari im Süden, die Namib im Südwesten und die Danakilsenke im Osten. In der Sahara ist es manchmal bei Tag heißer als 50 °C. Aber die Winternächte können sehr kalt sein. Trotz der extremen Temperaturen und des Wassermangels gelingt es manchen Tieren und Pflanzen, in der Wüste zu überleben.

Abwechslungsreiche Landschaft

Die Wüstenlandschaft wird geformt von den Winden, die über den Boden fegen und manchmal in Sandstürme ausarten. Stellenweise sind nackte Felsplateaus zu sehen, zerklüftete Gebirgsstöcke, Dünenfelder und Wadis (Flußbetten, die den Großteil des Jahres über ausgetrocknet sind).

Schutz gegen die Gluthitze

Um der Hitze zu entgehen, jagen die Wüstentiere überwiegend bei Nacht. Untertags flüchten die Eidechsen sich unter Büsche oder in Felsspalten. Die Springmaus und der Fennek (Wüstenfuchs) suchen Kühlung in einem unterirdischen Bau, wo es weniger heiß und die Luft feuchter ist.

***Das Dromedar** zehrt von dem Wasservorrat, den es in seinem Körper gespeichert hat. Die besondere Form seiner Hufe macht ihm das Gehen im Sand leicht.*

***Die Springmaus** ist ein mit der Maus verwandtes Nagetier. Dank ihrer kräftigen Hinterbeine kann sie ihren Jägern in großen Sprüngen entwischen. Den Schwanz benutzt sie wie ein Steuer zur Richtungskorrektur in der Luft.*

***Die Geckos** gehören zu den zahlreichen Wüsteneidechsen. Nachts jagen sie Insekten, tags verstecken sie sich unter Felsen.*

***Die Flughühner** befeuchten ihr Federkleid mit dem Wasser, das sie trinken, und tränken anschließend ihre Jungen damit.*

***Die Oasen** mitten in der Wüste stellen Inseln des Lebens für die Pflanzen wie für die Menschen dar.*

Die Zeit ist knapp

Manchmal müssen die Pflanzen ein ganzes Jahr lang ohne Wasser auskommen. Sobald sie nur ein bißchen Wasser bekommen, keimen ihre im Boden schlummernden Samen rasch. Die Jungpflanzen produzieren in zwei Wochen neue Samen.

***Die Mendes-Antilope (Addax)** bekommt die benötigte Menge Flüssigkeit aus den Pflanzen, die sie frißt. Sie ist ein beliebtes Jagdwild und heute vom Aussterben bedroht.*

***Die Hornviper** ist ein Seitenwinder, d.h. sie bewegt sich seitlich in einer Wellenbewegung fort, damit ihr Körper möglichst wenig mit dem glühend heißen Sand in Berührung kommt.*

***Die Wüstensträucher** haben kleine, dicke Blätter, die das Wasser gut speichern. Nachts nehmen ihre Zweige Feuchtigkeit aus der Luft auf.*

Die Wälder Afrikas

In der Mitte Afrikas bilden die Wälder der Äquatorial- und der tropischen Zone einen breiten Grüngürtel. Mit zunehmender Entfernung vom Äquator nimmt die Dichte der Wälder ab. Das Klima wird trockener, daher treten andere Pflanzen an die Stelle der feuchtigkeitsliebenden: oftmals Baumarten, die in der Trockenzeit ihre Blätter abwerfen.

Der immergrüne Regenwald

Reichliche Niederschläge, hohe gleichmäßige Temperaturen zwischen 24 und 28 °C und intensive Sonneneinstrahlung begünstigen die Entfaltung einer üppigen immergrünen Vegetation. Durch die günstigen klimatischen Verhältnisse werden die abgestorbenen Pflanzenreste rasch zersetzt und die Nährstoffe sofort wieder den Pflanzen zugeführt.

Die Schutzfunktion des Waldes

Durch das dichte Blattwerk der hohen Bäume gelangt das Regenwasser nur nach und nach bis zum Boden. Auf diese Weise schützt der Wald den Boden vor Erosion und die Flußgebiete vor Überschwemmungen.
Die Wasserverdunstung durch die Wälder trägt zur Wolkenbildung bei und beeinflußt entscheidend das Klima unserer Erde. Eine Abholzung der tropischen Regenwälder könnte schwerwiegende Folgen haben.

Aufbau und Struktur des Waldes

Die oberste Baumschicht wird Kronendach genannt, weil sie aus den Wipfeln der höchsten (50-60m) Bäume besteht. Darunter folgen Baum- und Strauchschicht, schließlich abgestufte Krautschichten und die Bodenschicht. Dort ist es sehr dunkel, so daß nur mehr Moose, einige Gräser und Farne wachsen.

***Die Baumfarne** haben einen Stamm, der aus den Stielen der bis über 10 m langen Wedel besteht. Sie kommen in den Bergwäldern der Tropen vor.*

Die Gorillas brauchen Schutz

Der einzige Feind der Gorillas ist der Mensch. Afrikanische Eingeborene töten sie, um sie zu essen. Tierfänger jagen sie, um Nachschub für die Tierparks und Labors zu beschaffen. Der Gorilla zählt jetzt zu den geschützten Arten. Er lebt in den Bergwäldern von Uganda, Ruanda und Zaire.

Große Bäume und kleine Vögel
Die meisten Vogelarten im Urwald sind klein, weil sie so leicht durch die dichte Vegetation fliegen können. Große Vögel wie die Hornraben und die Papageien sind nur in den Baumkronen zu finden.

Die Vielfalt der Blüten
In den Baumwipfeln sind die mannigfaltigsten Blüten zu finden. Meist sind sie klein und werden von Insekten bestäubt.
Weiter unten sind die Blütenpflanzen weniger zahlreich, weil es weniger hell ist. Manche werden von den Kolibris und den Fledermäusen bestäubt. Andere verströmen Modergeruch und locken damit Aasfresser an, die sie dann bestäuben.

***Die Lianen** benützen die Baumstämme als Stützen, an denen sie sich zum Licht emporranken. Mehr als 90% aller Lianenarten kommen in den tropischen Regenwäldern vor.*

***Die Aronstabgewächse** sind große wurzelkletternde Lianen oder Epiphyten.*

Das Leben im afrikanischen Regenwald

Regenwaldbewohner wandern nicht

Im Regenwald mit seinem gleichbleibend feuchten Klima wachsen ganzjährig Früchte, junge Triebe und Bodenpflanzen. Die Tiere finden daher genug Nahrung und müssen nicht fortziehen, um zu überleben.

Genau abgegrenzte Reviere

Wie auch sonst im Wald, verteilen sich die Tierarten auf genau abgegrenzte Gebiete. Jede findet Nahrung, ohne mit den übrigen darum kämpfen zu müssen. Die gleiche Insektenart kann auch im selben Gebiet zwei Vogelarten als Futter dienen, dann aber zu verschiedenen Tageszeiten.

Die Dianameerkatze *lebt hoch oben in den Bäumen, denn sie ernährt sich hauptsächlich von Blättern.*

Der rote Stummelaffe *ist an das Leben in den Bäumen besonders gut angepaßt. Sein langer Schwanz (85 cm) dient ihm als Flugsteuerung, wenn er von Ast zu Ast springt.*

Der Mandrill *ernährt sich von Bodenpflanzen und Insekten, schläft aber in den Bäumen.*

Der Schimpanse *ist ein Allesfresser. Er frißt Schößlinge, Blätter, Früchte, Insekten, Vogeleier, manchmal sogar junge Paviane.*

Der Urwald ist voller Affen

Die Affen haben den Wald unter sich aufgeteilt: Unter dem schützenden Blätterdach der hohen Bäume leben scheue Fruchtfresser wie die Meerkatzen und die lärmenden, behenden Stummelaffen. Darunter wohnen die Mangaben und die Mandrills mit ihrer blau-roten Gesichtsfärbung. Schimpansen halten sich viel auf dem Boden auf.

***Der Langschwanzhabicht** ist ein Raubvogel. Er macht Jagd auf Hörnchen und kleine Vögel.*

***Der Grünhelmturako** sucht mit lautem Gekreisch nach Früchten.*

Die Riesentiere der Bambuswälder

In den Bambuswäldern lebt das grobborstige **Riesenwaldschwein** mit gewaltiger Schnauze und zu fürchterlichen Hauern ausgebildeten Eckzähnen. Auch der **Bongo**, eine der größten Antilopenarten Afrikas, sowie der **Gorilla** finden hier einen geeigneten Lebensraum.

Insekten als Putzkolonnen

Milliarden von Insekten aller Größen bevölkern den Regenwald. Manche davon zersetzen pflanzliche und tierische Überreste und tragen sie fort. Die aktivsten davon sind die Ameisen und die Termiten. Manche Ameisen halten sich Schildläuse, weil ihnen deren süßes Sekret so gut schmeckt.

***Der Graupapagei** gehört zu den vielen Urwaldpapageien. Weil er so gut Geräusche nachahmen kann, wird er viel zu oft eingefangen. Sein Fortbestand ist heute bedroht.*

***Der Galago** schläft tags in Baumhöhlen und geht bei Einbruch der Nacht auf die Suche nach Insekten, süßen Früchten und grünen Trieben.*

***Der Potto** gehört zu den Lemuren. Er lebt als Einzelgänger. Das Weibchen bringt in Baumhöhlen jeweils ein Junges zur Welt.*

***Das Weißbauchschuppentier** ist ein Baumbewohner und ernährt sich fast ausschließlich von Ameisen und Termiten, die es mit Hilfe seines hochentwickelten Geruchssinns aufspürt und mit seiner langen Zunge erwischt.*

Madagaskar, Insel vor Afrikas Küste

Ihre abgeschiedene Lage im Indischen Ozean und das gleichmäßige Tropenklima haben die Insel Madagaskar zu einem einzigartigen Naturreservat gemacht. Tier- und Pflanzenarten, die es sonst nirgends gibt, haben sich hier zu einer erstaunlichen Vielfalt weiterentwickelt.

***Der Indri** ist ein Lemur, der sich nur alle zwei bis drei Jahre fortpflanzt. In der Zwischenzeit haben die Pflanzen, die ihm Nahrung liefern, Zeit nachzuwachsen.*

Das Reich der Lemuren

Nirgendwo sonst gibt es so viele Lemuren wie in Madagaskar. Lemuren sind den Affen ähnlich und bewohnen verschiedene Lebensräume: Bambuswälder und Wüstengebiete. Seit etwa 50 Millionen Jahren leben sie isoliert auf Madagaskar, denn es gibt dort keine Affen, die überall sonst die Lemuren fast gänzlich verdrängt haben.

***Der Larvensifaka** ist ein ausschließlich auf Bäumen lebender Lemur. Die Weibchen bringen in den Wipfeln auch manchmal ihre Jungen zur Welt.*

Die zahlreiche Arten von Leguanen und Baumschlangen auf der Insel könnten dafür sprechen, daß Madagaskar vor Millionen Jahren Teil des amerikanischen Kontinents war, für den diese Tiere typisch sind.

Die Kokospalme hat eine der größten Früchte im Pflanzenreich.

Die Ravenala (Baum der Reisenden) speichert Wasser in den Blattscheiden.

***Der Flaschenbaum** mit seinem tonnenförmigen Stamm kann große Mengen Wasser speichern.*

***Der Flammenbaum (Flamboyant)** ist wegen seiner herrlichen feuerroten Blüten berühmt geworden.*

Seltsam aussehende Wälder

Im Norden der Insel gibt es regenfeuchten Tropenwald. In den Trockenzonen im Süden von Madagaskar wachsen Baobabs. Neun Monate pro Jahr haben sie keine Blätter. Ihre Stämme speichern Wasser für die Dürrezeit. In diesem Gebiet gibt es auch schüttere Bestände von Dornbäumen und Euphorbien (Wolfsmilchgewächsen).

***Der Gemeine Tanrek** ist ungemein fruchtbar: bis zu 20 Junge pro Wurf!*

***Der Taggecko** ist eine Echsenart, die nur auf Madagaskar vorkommt. Er ist dort "endemisch".*

Die Tanreks sind insektenfressende Säugetiere und auf der Insel zahlreich vertreten. Manche Arten sind Igeln sehr ähnlich, andere Maulwürfen oder Spitzmäusen.

LEBENSRÄUME IN ASIEN

Asien, der größte der fünf Erdteile, hat wegen seiner Ausdehnung über alle Breiten vom Nordpolarmeer bis südlich des Äquators Anteil an verschiedenen Klimazonen und Landschaftstypen. Im Norden herrscht das sibirische Klima mit sehr kalten Wintern. Dort gibt es nur spärliche Tundra und Taiga. Am Rand der breiten Wüstenzone in der Mitte Asiens liegt die höchste Gebirgskette der Welt: der Himalaya. Der Südosten von Südchina bis zu den Philippinen hat Anteil am tropischen Klima mit Monsunregen im Sommer. Die Inseln des Malayischen Archipels im Südwesten sind zum Teil von dichten Tropenwäldern bedeckt.

Sieben Landschaftsformen

1 Bucht von Phangnga, Thailand
2 Fudschijama, Japan
3 Seidenstraße, China
4 Guilin (Kweilin), China
5 Mount Everest an der Grenze zwischen Nepal und Tibet
6 Band e-Amir, Afghanistan
7 Krakatau, Indonesien

5

6

7

Die Wälder Asiens

Die Tief- und Hochebenen von Indien und China, südlich und südöstlich des Himalaya, haben tropisches Klima mit zwei Jahreszeiten: trokkenen Wintern und regenreichen Sommern. Der Monsun bringt den Regen und begünstigt die Entstehung eines Dschungels aus dichten Bäumen auf grasreichem Boden. Dieser Waldtyp birgt die wohl artenreichste Flora der Welt: Bis zu 100 Baumarten pro Hektar sind keine Seltenheit!

Fliegende Säugetiere

Viele Tiere leben auf Bäumen, weil es dort reichlich Nahrung gibt. Manche Säugetiere sind gut angepaßte Baumbewohner. Das Gleithörnchen z.B. hat eine Hautfalte zwischen Hand- und Fußgelenken, die es beim Springen ausbreitet. So segelt es zwischen den Bäumen durch – oft über beachtliche Strecken.

Der Schlanklori *schläft tags, zur Kugel zusammengerollt, auf einem Ast. Nachts sucht er nach Insekten, Früchten und Eiern.*

Die Gibbons *leben in Familien mit jeweils genau abgegrenztem Territorium. In den Bäumen finden sie Früchte, Eier, Insekten und junge Vögel als Nahrung. Nur selten kommen sie auf den Boden.*

Die Rafflesia arnoldii *ist ein Parasit, der vom Wasser und den Nährstoffen seiner Wirtspflanze lebt. Die Blüte (1 m Durchmesser) ist die größte Einzelblüte auf der Erde.*

Der Monsun

Im Gegensatz zu Afrika reicht in Asien die tropische Klimazone mit einer Regen- und einer Trockenzeit viel weiter nach Norden. Das Phänomen des Monsuns entsteht durch die Winde, die im Winter vom Festland zum Meer wehen (also trocken sind) und im Sommer vom Meer zum Festland (dann bringen sie heftige Regengüsse mit).

Der Tiger, eine gefährdete Art

Der Lebensraum des Tigers ist Indien und Südostasien. In schilfreichen Dschungelgebieten hält sich das mächtige Raubtier (3,50 m lang, 180 kg schwer) häufig auf. Heute ist der Tiger vom Aussterben bedroht, weil er zuviel gejagt wurde.

Der Doppelhornvogel *baut in Baumhöhlen sein Nest. Den Eingang mauert das Männchen während der Brutzeit zum Schutz des Weibchens zu.*

Der indische Elefant *ist kleiner als sein afrikanischer Verwandter.*

Der Schabrackentapir *ernährt sich mit Hilfe seines Rüssels.*

Der Tiger *jagt bei Tag und in der Dämmerung (Schulterhöhe 1 m, Gewicht 180 kg).*

Unzählige Insekten leben im Dschungel

Über 100 000 Arten wurden bisher beschrieben: Stab- und Gespenstschrecken, Heuschrecken und Grillen, Zikaden, Käfer, Schmetterlinge. Von ihnen ernähren sich Insektenfresser wie die Segler, Fliegenschnäpper und Fledermäuse.

Der Netzpython *ist nicht giftig. Er kann bis zu 10 m lang werden.*

Die Königskobra *ist die größte Giftschlange der Welt (5,5 m). Ihr Biß kann sogar Elefanten töten. Das Weibchen baut aus Bambussprossen und Blättern ein Nest.*

Der Larvenroller *(1,30 cm lang) macht nachts Jagd auf Insekten und Frösche, verschmäht aber auch Eier und junge Vögel nicht, wenn er sie erwischt.*

Die Steppen Eurasiens

Nördlich des Himalaya herrscht ein für Pflanzen und Tiere unwirtliches Klima mit sehr kalten Wintern und sehr heißen Sommern. Von Ost nach West zieht sich ein Wüstenstreifen quer durch Zentralasien von der Wüste Gobi bis zum iranischen Hochland. Jenseits der Wüsten, gegen den Polarkreis zu, erstreckt sich die weite eurasische Steppe mit ihrem Grasland von der Mongolei bis zum Schwarzen Meer.

Die Gräser der Steppe
Steppen sind Pflanzengesellschaften, in denen trockenresistente Gräser, Stauden und Halbsträucher, aber auch viele Zwiebelpflanzen und einjährige Kräuter vorkommen. Sie sind durch eine Kälteruhe im Winter und eine Trockenruhe im Sommer gekennzeichnet. Die Grasnarbe, die aus horstbildenden und ausläufertreibenden Formen besteht, verdorrt langsam in der Sommerglut. Die Hauptentwicklung der Vegetation liegt im Frühjahr. Entsprechend wechselt ihre Farbe je nach Jahreszeit: von blassem Grün im Frühjahr zu strohigem Gelb im August.

Nagetiere und Raubtiere der Steppe
Zahlreiche Arten von Nagetieren, wie der Bobak und der Ziesel, bevölkern die Steppe. Da natürliche Verstekke dort fehlen, graben sie unterirdische Gänge, um dort Schutz vor den extremen Wetterbedingungen sowie vor ihren Jägern (Füchsen, Hermelinen und Raubvögeln) zu finden.

***Die unterirdischen Gänge** der Nagetiere bieten manchen insektenfressenden Vögeln Unterschlupf: z.B. den Steinschmätzern, die in der asiatische Grassteppe reichlich Futter finden.*

***Der Bobak** frißt Gras, Wurzeln, die Früchte der Zwergsträucher, Samen und manchmal auch Vogeleier.*

Die Vögel der Steppen

Im Frühling fallen die Vögel in der Steppe ein. Nach der Aufzucht der Jungen fliegen sie wieder davon. Die meisten Arten sind Zugvögel, wie z.B. der Rosenstar und der Jungfernkranich. In der Steppe gibt es auch Laufvögel, die eher laufen als fliegen, wie die Großtrappe, und Arten, die am Boden genauso flink sind wie in der Luft: die Regenpfeifer und die Lerchen. Als Vertreter der Raubvögel sind der Turmfalke und der Würgfalke, die Steppenweihe und der Steppenadler zu nennen.

Die Vierzehenschildkröte (Testudo horsfieldii) ernährt sich von Gras und am Boden liegenden Früchten, aber auch von Insekten und – seltener – von Tierkadavern. Ihren Winterschlaf hält sie in einem selbstgegrabenen Erdloch. Das Weibchen vergräbt seine Eier im Sand.

***Die Saigaantilope** erreicht trotz ihres gedrungenen Körpers und ihrer zierlichen Beine eine Geschwindigkeit von 70 km/h.*

Überleben im Winter

Schon im Herbst bereiten sich die Tiere auf die harte Winterzeit vor. Zahlreiche Säugetiere bekommen ein Winterfell, das dichter und langhaariger ist. Das Hermelin z.B. hat im Sommer ein braunes, im Winter ein weißes und dickes Fell. Andere Tiere suchen in den Felsen und in Buschlandzonen die wenigen Schlupfwinkel auf. Aber in sehr kalten Wintern sterben die Saigas zu Tausenden.

***Der Jungfernkranich** ist der kleinste Kranich (95 cm, 2,5 kg). Seine Nester baut er am Boden, kaum versteckt im Gras.*

***Der Rosenstar** kommt im Frühjahr in die Steppe, oft an den gleichen Platz wie im Vorjahr.*

***Der Manul** lebt in Höhlen, Felsspalten oder Erdlöchern, in denen vor ihm ein anderes Tier, z.B. ein Murmeltier, gewohnt hat.*

Die Gebirgskette des Himalaya zieht sich quer durch Südasien. Sie bildet eine natürliche Grenze zwischen der gemäßigten und der tropischen Klimazone. Man unterscheidet dort drei Landschaftsformen. Dichter Dschungel bedeckt die unteren Hänge. Jenseits der Baumgrenze herrscht Steppenlandschaft in der Zone der mittelhohen Gebirge vor. Über 5 000 m breitet sich die Eiswüste der Gletscher aus.

Vom Wald zu den Bergwiesen

Wie auch sonst in den Bergen verändert sich die Vegetation mit zunehmender Höhe. An den unteren Talhängen lassen die starken Monsunregen bis 2 000 m Höhe eine tropische Vegetation wachsen. Darüber weichen die Tropenpflanzen Wäldern aus Rhododendren, Weißtannen, Kiefern und Himalaja-Zedern. Die Waldgrenze liegt zwischen 3400-3800 m und wird von Weißtannen und Birken gebildet. Darüber, im Bereich der Hochplateaus, gibt es nur mehr windverkrüppelte Zwergbäume, meist Weiden und Wacholdergebüsche. Auf den Südhängen fehlt der Wald, hier herrschen Wüsten- und auch Halbwüstenvegetation vor.

***Die Rhododendren des Himalaya** werden bis 25 m hoch. Das sind beachtliche Wuchshöhen, denn überall sonst sind Rhododendren kleine Büsche. Wenn sie blühen, färben sich ganze Berghänge rot.*

Eine eingefrorene Welt
Die über 5 000 m hohen Gipfel werden von peitschenden Winden umtobt und es herrscht ständig grimmige Kälte. Diese Region des ewigen Eises ist den Polargebieten sehr ähnlich. Aber sie liegt viel höher oben, daher ist die Luft hier dünner und es ist kaum Leben zu finden.

Die Schneealgen
In großer Höhe sind manchmal Streifen von rosarotem Schnee zu sehen. Schuld an dieser ungewöhnlichen Rotfärbung sind winzige Blaualgen. Sie entwickeln einen roten Farbstoff, um sich damit vor den ultravioletten Sonnenstrahlen zu schützen.

Die Anpassung der Pflanzen
In der alpinen Stufe weisen die Stengel und Blätter vieler Pflanzen ein dichtes Haarkleid auf. Dieser Flaum spielt eine ähnliche Rolle wie der Pelz bei den Tieren: er hält die Temperatur der Pflanze höher als die Lufttemperatur in der Umgebung. Pflanzen an den Hängen, die der Monsun bestreicht, besitzen "Haare", an denen der Nebel kondensieren kann, die aber auch den Regen abperlen lassen.

***Die höchsten Berge der Welt** gehören zum Himalaya. Der Mount Everest mit 8 848 m ist der höchste. Man nennt das Gebirge daher auch das "Dach der Welt".*

Säugetiere im Hochgebirge

Die Vegetation oberhalb 5 000 m ist spärlich und Nahrung knapp. Die Grasfresser unter den Säugetieren müssen daher täglich wandern, um genug Nahrung zu finden. Die Tschirus leben in Wanderherden auf den Steilhängen und Bergwiesen, wo sie sich zu den Yaks gesellen. Unter 4 000 m sind Tiere mit weniger dickem Fell zu finden, wie die Blauschafe und die Mufflons.

***Der Bartgeier** ist einer der größten Greifvögel (Flügelspannweite 2,80 m). Er verzehrt Säugetiere mit Haut und Knochen.*

***Der Yak** lebt in Höhen bis 6 000 m. Sein dicker Pelz schützt ihn vor der Kälte. Der Mensch hat diesen Widerkäuer gezähmt und verwendet ihn als Tragtier.*

***Der Tschiru (Orongo, Tibetantilope)** ist eine Wildziege. Er lebt in Höhen um 4 000 m und frißt Gras.*

Kälteanpassung bei den Insekten

Zahlreiche Insektenarten halten die Kälte aus, die in der Region oberhalb der Waldgrenze (um 3 500 m) herrscht. Der Gletscherfloh überlebt sogar, wenn er gefriert, allerdings nur ganz kurze Zeit. Die Springschwänze hingegen überdauern sogar längere Zeit im Eis. Die meisten Insekten dieser Region, wie die Pseudoskorpione und die Springspinnen, überwintern geschützt in einem Erd- oder Felsloch, wenn die Kälte allzu groß wird.

Der Winter im Hochgebirge
Im Winter steigen die meisten Grasfresser des Hochgebirges sowie die Raubtiere – wie z.B. der Schneeleopard – hinunter zu den Hängen, die nicht vom Schnee bedeckt sind. Viele Vögel machen es ihnen nach. Einige Nagetiere, darunter der Ladakh-Pfeifhase (Pika), bleiben an Ort und Stelle aktiv.

__Der Schneegeier__ macht nur selten Jagd auf lebende Beute. Lieber frißt er das Fleisch von Tierkadavern der großen Säugetiere. Das einzige Ei wird von beiden Eltern abwechselnd bebrütet.

Die Raubvögel
nisten bis in die höchsten Regionen hinauf. Blauracken wurden über 7 800 m gesichtet. Der Himalaya-Geier und der Bartgeier scheinen in 5 000 m Höhe noch mühelos zu schweben. Dabei ist für das Fliegen in solcher Höhe Anpassung nötig, weil der Sauerstoff knapp ist.

__Der Schneeleopard__ oder Irbis lebt in Höhen von 3 000 bis 4 000 m. Er jagt wilde Schafe und Ziegen.

Der kleine Panda, auch Katzenbär genannt, lebt im Hochgebirge von Nepal bis Südostchina, meist in Bambuswäldern. Bambus mag er gern, aber auch Früchte, Eier oder Insekten.

__Der Ladakh-Pika (Pfeifhase)__ wohnt in Höhen über 5 000 m. Vor dem Winter legt er sich Vorräte an grünen Pflanzen an.

Die Mangroven von Indonesien

Die Inseln von Indonesien (Java, Sumatra, Borneo) liegen nahe am Äquator. Daher haben sie ein feuchtheißes Klima, das eine tropische Tier- und Pflanzenwelt gedeihen läßt. Üppiger Regenwald bedeckt den Großteil der 14 000 Inseln des Archipels. Dichte Mangroven säumen die Küsten.

Die Mangrove – ein Wald im Meer
Der dichte Sumpfwald im Bereich tropischer Küsten wird Mangrove genannt. Sie besteht aus immergrünen baumartigen Küstengehölzen, die an das Leben im Salzwasser angepaßt sind und in geschützten Buchten, an Lagunen und Flußmündungen vorkommen.

Riesengroße Insekten
In den Tropenwäldern leben einige besonders große Insekten. Die Riesenholzwespe (5 cm), die Ponerinenameise (2 cm) oder der Atlasspinner (Spannweite 30 cm) sind deutlich größer als ihre europäischen Verwandten.

1 ***Sonneratia*-Bäume** *bilden senkrecht nach oben stehende Luftwurzeln, die an die Wasseroberfläche reichen und den Baum atmen lassen.*

2 ***Winkerkrabben-Männchen*** *schrecken mit ihrer übergroßen Schere Feinde ab und locken Weibchen an. Sie wechseln ihre Farbe mit den Gezeiten.*

Der Komodowaran
ist die größte Echse der Welt (3,5 m). Er lebt ausschließlich auf den Sundainseln. Er ernährt sich von jungem Rotwild, kleinen Wildschweinen oder Ziegen. Vor Menschen fürchtet er sich nicht.

Das Javanashorn
lebt paarweise oder in Familien. Als Nahrung dienen ihm Schilf und andere Wasserpflanzen, insbesondere Wasserhyazinthen. Bis auf einige wenige Exemplare, die im Udjung-Kulon-Reservat auf der Insel Java leben, ist es ausgestorben.

Der Nasenaffe *ist leicht erkennbar an seiner langen Nase, die zeitlebens weiterwächst.*

Im Wurzelgeflecht der Magrove

Unter den Wurzeln der Mangroven herrscht reges Leben. Der Amethystpython lauert hier Vögeln und Fischen auf. Schwimmaffen wie die Makaken, die gewöhnlich in den Bäumen leben, lassen es sich nicht entgehen, im Wasser auch mal nach Krabben und Krebstieren zu suchen. Auch zahlreiche Fische tummeln sich hier.

3 ***Rhizophoraceen*** *(und Avicennia) bilden Samen, die auf der Mutterpflanze auskeimen, zu Jungpflanzen heranwachsen, erst dann abfallen und rasch im Schlick einwurzeln.*

4 ***Der Schlammspringer*** *ist ein Fisch, der durch Lungen atmet. Auf seine Bauchflossen gestützt, kriecht er auf dem Schlick herum.*

5 ***Der Flughund*** *ist ein Fledertier und Früchtefresser. Wegen seiner Kopfform wird er auch Flugfuchs genannt (Spannweite 1,5 m).*

LEBENSRÄUME IN OZEANIEN

Ozeanien besteht im Gegensatz zu den vier anderen Kontinenten ausschließlich aus Inseln im unendlich großen Pazifischen Ozean. Es ist das Gebiet der Atolle und der Korallenriffe mit heißem Klima und ausgiebigen Niederschlägen. Sie sind die Heimat einer unglaublich farbenprächtigen Meeresfauna und -flora. Zu Ozeanien gehören Melanesien, Mikronesien und Polynesien sowie Australien, die größte Insel der Welt, die allein schon die Größe eines Erdteils hat und zum Großteil aus Wüstengebieten besteht. Dank seiner Insellage findet man in Australien viele Tierarten, die es nirgendwo sonst gibt.

Sieben Landschaftsformen

1 Gibsonwüste, Australien
2 Milford Sound, Neuseeland
3 Pinnacles, Australien
4 Ayers Rock, Australien
5 Blauer See, Neuguinea
6 Großes Barriereriff, Australien
7 Yaté-See, Neukaledonien

5

6

7

Australien

Australien ist eine riesige Insel, mehr als einundzwanzigmal so groß wie die Bundesrepublik Deutschland! Weil es so groß ist, weist es vom tropischen Norden bis in den kühl-gemäßigten Süden ganz verschiedene Landschaftsytpen auf. Insgesamt ist der australische Kontinent ein großes Tafelland, dessen mittlere Seehöhe bei 400 m liegt. Im Osten erstreckt sich das Australische Scheidegebirge über fast 3 000 km an der Pazifikküste.

Ungleich verteilte Niederschläge

Im Norden und Nordosten regnet es im Sommer – dank des auch in Asien wirksamen Monsuns. Im Südwesten und Südosten regnet es hauptsächlich im Winter – hier wird der antarktische Einfluß spürbar. Nur an der Ostküste fällt ganzjährig Regen.

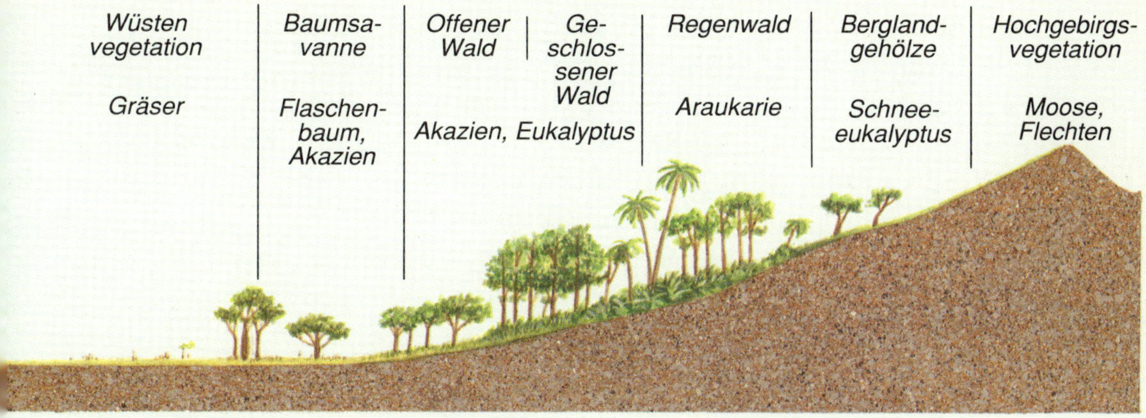

Verschiedenartige Lebensräume
Die Tatsache, daß Australien eine Insel ist, hat Einfluß auf das Landschaftsbild. Denn der Regen stammt aus Wolken, die sich über dem Meer bilden. Wenn die Wolken zum Festland kommen, werden sie von den Gebirgszügen aufgehalten: dort regnet es reichlich, die Vegetation kann sich gut entwickeln. Jenseits der Great Dividing Range nehmen die Niederschläge ab. Die anschließenden, der Sahara ähnlichen Sand- und Steinwüsten bedecken ein Drittel der Landfläche.

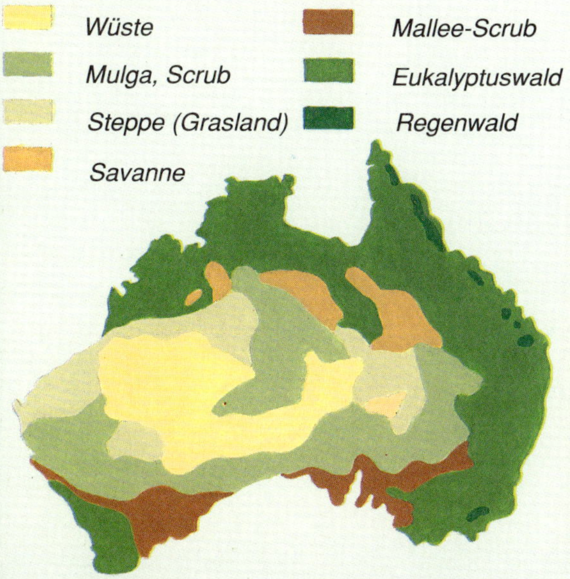

Die Vegetationszonen
Die verschiedenen Vegetationsformen sind etwa ringförmig um die Wüsten herum angeordnet. Auf den Berggipfeln wächst wegen der Kälte nur eine kälteunempfindliche Eukalyptusart. Die regenreichen Berghänge der tieferen Lagen sind von Regenwald bedeckt. Gegen das Landesinnere zu findet man mit abnehmendem Niederschlag erst Eukalyptus-Baumsavannen, dann Akaziengebüsch (ein dichtes Buschwerk aus Hartlaubgewächsen, ähnlich der mediterranen Macchie, das auch als Scrub oder Mulga bezeichnet wird). Sogar diese dürregewohnten Pflanzen verschwinden gegen die Mitte des Kontinents zu: Dort ist nur noch Wüste.

Ayers Rock, der größte Felsen der Welt
Im Zentrum Australiens erhebt sich eine rot gefärbte Felsmasse von beachtlichen Ausmaßen: 350 m Höhe, 3,5 km Länge, Umfang 9 km. Die Aborigines betrachten diesen Berg als heilige Stätte.

Die Tierwelt Australiens

Die Beuteltiere – Säugetiere mit eigenartigem Aussehen

Da Australien seit etwa 50 Millionen Jahren völlig isoliert ist, haben sich Fauna und Flora in Australien unabhängig vom Einfluß anderer Kontinente entwickelt. Das hat zum Auftreten von ganz eigenartigen Tierarten geführt, wie zum Beispiel zur Vielfalt der Beuteltiere. Die Känguruhs leben in verschiedenartigen Landschaftsytpen, doch der Koala bewohnt ausschließlich Eukalyptuswälder. Es gibt auch noch andere Beuteltiere, wie den Gleitbeutler, der einem Eichhörnchen ähnelt, oder den Wombat, der einem großen Murmeltier vergleichbar ist.

Das Rote Riesenkänguruh *ist das größte unter den Känguruhs von Australien. Es lebt gruppenweise in den Grassteppen.*

Der Wombat *gräbt mit seinen kräftigen Krallen unterirdische Stollen.*

Der Dingo *ist ein verwilderter Hund. Wie er nach Australien gekommen ist, weiß man nicht. Er jagt in Rudeln – außer Känguruhs auch Schafe.*

So schnell schafft der Mensch die Ausrottung ganzer Arten

Der Mensch hat großes Unheil angerichtet, indem er neue Arten mitbrachte. Die Kaninchen haben sich derart explosionsartig vermehrt, daß sie die Känguruhs fast um ihre Nahrung brachten. Darauf hat man Füchse eingesetzt, um die Kaninchenbestände zu verringern – die machten sich aber über die Schafe her. Auch der Beutelwolf wurde ausgerottet, weil er sich von Schafen ernährte. Derzeit gelten 34 Säugetierarten als ausgestorben.

Das Schnabeltier *ist ein Säugetier und lebt im Wasser. Das Weibchen legt die Eier in einem Nest am Ende eines langen unterirdischen Ganges ab.*

Eigenartige Fortpflanzungsformen

Wenn ein Känguruhjunges zur Welt kommt, ist es nur ein paar Zentimeter groß. Es krabbelt dann zum Beutel seiner Mutter und folgt dabei einer feuchten Spur, die sie in ihr Fell geleckt hat. Das Junge klammert sich dann mehrere Wochen lang an die Mutter.

***Der Koala** ist ein baumlebendes Beuteltier. Er trägt sein Junges Huckepack und ernährt sich ausschließlich von Eukalyptus. Die Art steht heute unter stengem Naturschutz.*

Eine raffinierte Brutanlage

Der Thermometerhahn gräbt im Winter eine Grube, füllt sie mit Zweigen und Blättern und deckt sie mit Sand zu. Die Pflanzen verrotten und setzen dabei Wärme frei. Die von der Henne in die Grube gelegten Eier werden durch diese Wärme ausgebrütet. Der Hahn hält die Temperatur durch Zugabe oder Wegnahme von Sand konstant. Die Jungen sind schon beim Schlüpfen selbständig.

Die Korallenriffe

Korallenriffe sind Gesteinsbildungen unter Wasser, die wie Felsen aussehen. Sie werden von unzähligen kleinen Tieren gebildet, die nur in warmen Meeren leben. Diese Tiere nennt man Korallenpolypen. Sie haben eine Umhüllung, die verkalkt und beim Absterben des Tieres übrigbleibt. Die Anhäufung all dieser Skelette verleiht den Riffen ihr felsartiges Aussehen. Korallenriffe können oft zu ganzen Inseln emporwachsen, auf denen sich Landtiere und -pflanzen ansiedeln.

Algen und Korallen

Auf den Korallen leben vor allem Rotalgen und andere winzige kalkreiche Algen, die Nährstoffe aus dem Wasser aufnehmen und sie dann an die Polypen weitergeben. Die Algen tragen so zur Korallenbildung bei. Sie brauchen Licht, um leben zu können. Daher sind Korallen nur in ganz klaren Gewässern und in Oberflächennähe zu finden.

Vorkommen der Korallenriffe auf der Erde.

***Das Riff** ist der Teil einer Korallenbank, der den Wellen ausgesetzt ist. Man findet dort zahlreiche Höhlen, die schutzsuchenden Tieren Unterschlupf bieten.*

Korallen bilden echte Wälle
Korallenbänke sind vor allem entlang tropischer Meeresstrände zu finden. Sie bilden dort Saumriffe. Das bekannteste davon ist das Große Barriereriff an der Ostküste Australiens. Andere sind viel kleiner und bilden Atolle. Auch in den Meeren der gemäßigten Zone gibt es Korallen, doch bilden sie dort nicht so eindrucksvolle Bänke wie in den tropischen Ozeanen.

So entsteht eine Koralleninsel
Korallen bilden oft große Kolonien. Korallensplitter und Sand werden von den Wellen auf der Bank angespült und zu Haufen aufgetürmt. So wächst die Korallenbank in die Höhe, bis sie schließlich aus dem Wasser auftaucht und eine Insel bildet. Ein Atoll ist ein ringförmiges Korallenriff, das eine Lagune umschließt.

Bunte Formenvielfalt
Manche Korallen sind verzweigt und erinnern an kleine Bäume. Andere haben eine flache Form (Platten), die ihnen die Aufnahme im Wasser schwebender Nahrung erleichtert und den Großteil ihrer Oberfläche dem einfallenden Licht aussetzt.

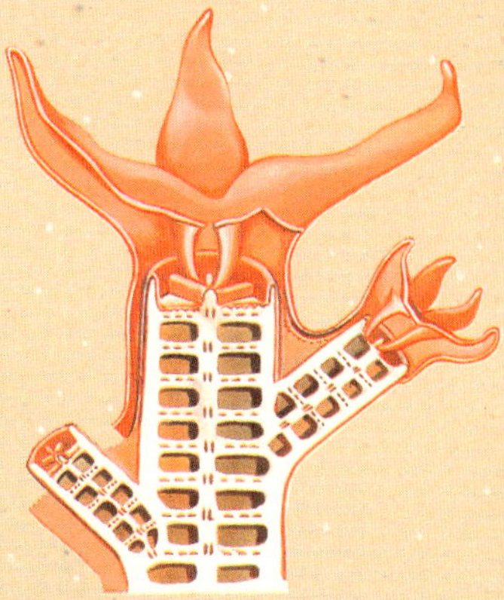

***Die Lagune** ist eine von einem Riff umschlossene Wasserfläche. Das Wasser ist hier flach und ruhig. Auf dem oft sandigen Grund gibt es nur wenig Korallen.*

Eine Oase in der "blauen Wüste"

Die Korallenriffe bilden einen Wall, der die bewegten Gewässer des offenen Meeres vom warmen, ruhigen Wasser der Lagune trennt. Sie bieten Millionen von Meerestieren Unterschlupf und Nahrung. Wissenschaftler vergleichen oft die Korallenriffe mit echten Oasen in der "blauen Wüste", wie die tropischen Meere oft genannt werden.

Farbenfrohe Fische

In dieser Welt der Korallen sind zahlreiche Fischarten mit lebhafter, bunter Färbung zu finden. Dank dieser Färbung heben sie sich kaum mehr vom Hintergrund ab. So löst die gefleckte Zeichnung der Muräne oder die gestreifte des Engelshais die Umrisse des Fisches auf, so daß er auf dem vielfarbigen Untergrund praktisch unsichtbar wird.

Jäger und Gejagte

Alle Tiere der Korallenbänke brauchen die anderen, um zu überleben. Die Haie fressen kleinere Fische, die sich ihrerseits von Korallen oder Schaltieren ernähren. Letztere wiederum verzehren die Pflanzen, die dank des Sonnenlichts wachsen. Diese Nahrungskette ermöglicht es, die Entwicklung der zahlenmäßig stärksten Arten zu begrenzen.

Der Rotfeuerfisch *ist so giftig, daß er sogar Menschen gefährlich werden kann.*

Der Doktorfisch *verdankt seinen Namen dem messerartigen Dorn am Schwanzstiel.*

Der Clownfisch *lebt zwischen den Tentakeln (Fangarmen) einer bestimmten Seeanemonenart. Er bestreicht sich mit dem Schleim der Anemone und schützt sich so vor ihren Stichen.*

Gefährliche Korallenbewohner

In Spalten und unter Felsen, am Boden von Löchern oder perfekt getarnt verstecken sich viele andere Tiere, wie z.B. dieser 13- oder 16-armige Seestern mit seinen fürchterlichen Stacheln. In den Korallen leben auch prachtvolle Muscheln und Schnecken. Die Kegelschnecke ist ein begehrtes Sammlerobjekt, sie ist in Wirklichkeit ein Fleischfresser! Ihre hohlen Zähne stehen mit Giftdrüsen in Verbindung.

Der Mantarochen *kann bis zu 6 m breit werden. Er ernährt sich von winzigen Organismen und ist für Menschen ungefährlich.*

Die Haie *tummeln sich in den Riffen, weil sie dort reiche Nahrung finden. Die meisten Arten sind ungefährlich für den Menschen.*

Korallenbänke in Gefahr

Die Muscheln, Fische und Korallen sind oft dadurch bedroht, daß zuviele Menschen ihren Lebensraum aufsuchen. Diese zauberhafte Unterwasserwelt ist durch Wasserverschmutzung und Zunahme des Tourismus von Zerstörung bedroht.

Die Putzergarnele *ist breit gestreift und weithin sichtbar für Fische, die von ihren Schmarotzern befreit werden wollen.*

LEBENSRÄUME IN AMERIKA

Der amerikanische Kontinent erstreckt sich in der Nord-Süd-Richtung über 15 000 Kilometer und weist daher sehr verschiedene Klimazonen und Lebensräume auf. Nordamerika besteht aus Gegensätzen: Es hat niederschlagsreiche Wälder im Norden Kanadas und die weite Prärie, aber auch die kalifornischen Wüste und die Mangrove Floridas. In Mittelamerika überwiegen regenreiche Gebirge. In Südamerika säumt die Gebirgskette der Anden von Norden nach Süden erst äquatoriale und tropische Wälder, die Pampas der gemäßigten Breiten und zuletzt das kalte, unwirtliche Hochland von Feuerland.

Sieben Landschaftsformen

1 Grand Canyon, Colorado, USA
2 Landscapes Arch, USA
3 Eingefrorener Geysir, Yellowstone-Park, USA
4 Machu Picchu, Peru
5 Emerald Pool, Yellowstone-Park, USA
6 Monument Valley, Arizona USA
7 Niagarafälle an der Grenze zwischen Kanada und den USA

4

5

6

7

Die kanadischen Wälder

Die großen Waldgebiete Kanadas reichen vom Atlantik bis zum Pazifik – ein breiter Gürtel, der von zahlreichen Flüssen und Bächen durchzogen und weitläufig ist wie die Wälder Sibiriens. Menschen gibt es kaum, daher haben einige große Säugetiere dort überlebt.

Die borealen Nadelwälder

Die Wälder des hohen Nordens liegen im Bereich des kontinentalen Klimas mit großen Temperaturunterschieden zwischen Sommer und Winter. Wegen des polaren Einflusses wachsen im Norden als bestandbildende Bäume Sitka- und Schwarzfichten, Bankskiefern, Kiefern, Tannen und Amerikanische Lärchen nur langsam. Als Laubbäume treten Kanubirke und Balsampappel auf.

***Der Wolf** macht Jagd auf Hasen, Murmeltiere und Hirsche, aber auch auf Zugvögel, die zum Brüten in die im Sommer eisfreien Sumpfgebiete kommen. Er folgt sogar den Elchen auf ihren Wanderungen.*

Die Herren der Wälder

Als Herrscher unangefochten ist der Elch, der majestätischste aller Hirsche. Außer ihm gibt es noch den Weißwedel- oder Virginiahirsch und den Wapiti. Auch mehrere Bärenarten, wie der Schwarzbär und der Grizzly, leben im Wald. Im Norden findet man auch Wölfe, Luchse und Wildkatzen. Der Waldbison lebt heute geschützt in Reservaten.

In den Flüssen und Bächen

des Waldgebietes leben mehrere Fischarten, wie die Regenbogenforelle und die Lachse. Auch der Waschbär ist dort zu finden.

***Der Elch** nimmt gern alles auf die Hörner, was ihn beunruhigt.*

***Der Lachs** muß gegen die Strömung schwimmen, um seinen Laichplatz zu erreichen. Unterwegs fischen sich Bären gern diesen Leckerbissen.*

Der Ahorn, Wahrzeichen Kanadas
Aus Zuckerahorn vom Sankt-Lorenz-Stromgebiet wird der berühmte Ahornsirup gemacht. Andere Ahornarten macht ihr sehr hartes Holz zu begehrten Nutzhölzern. Im Herbst schimmert ihr Laub in allen Farbtönen von Kupfer, Gold und Rot.

Welt der Baumriesen

Im Westen, wo der Pazifikeinfluß spürbar wird, ist das Klima gemäßigter. Das ist das Reich der Baumriesen: Zedern, Weißtannen und Sitka-Fichten werden oft über 50 m hoch. Douglasien erreichen machmal eine Höhe von 90 m.

Der amerikanische Uhu *geht bei Einbruch der Nacht auf Eichhörnchen-, Kaninchen- und Vogeljagd.*

Die Nagetiere halten Winterschlaf

Zahlreiche Nagetiere, wie das Waldmurmeltier oder das Flughörnchen, graben unter dem Schnee, wo die Luft den ganzen Winter über nur mäßig kalt ist, unterirdische Gänge. Dasselbe gilt für das Backenhörnchen, einen winzigen Nager, der nur am Waldboden lebt, aber weitläufige Erdbauten gräbt.

Der Grizzlybär *kann bis zu 500 kg wiegen. Im Herbst gräbt er sich eine Höhle und schläft darin mit Unterbrechungen bis zur Schneeschmelze.*

Der Biber *ist der größte Nager des kanadischen Waldes (25 kg, 1,20 m). Mit seinen kräftigen Schneidezähnen nagt er die Stämme schräg so an, daß er dann den Baum mit seinen Vorderpfoten zum Umstürzen bringt.*

Die weite Prärie

Die Steppengebiete Nordamerikas, die als Prärien bekannt sind, bedekken eine riesige Fläche. Heiße Sommer wechseln dort mit kalten Wintern ab, es regnet wenig. Wind und Trockenheit, aber auch der Einfluß der Menschen, sind schuld daran, daß keine Bäume wachsen. Viele Tierarten sind durch den Getreideanbau fast ganz ausgerottet worden. Seit Beginn dieses Jahrhunderts leben sie geschützt in Reservaten.

Wogende Grasflächen

Im Osten dehnen sich Langgrasprärien wie grün wogende Meere aus. Im Westen bedeckt spärlichere Kurzgrasprärie die trockeneren Böden. Hohe Gräser stehen dort horstweise zwischen niedrigeren Sorten: das ist die Mischgrasprärie.

Gras und Grasfresser

Der Neuaustrieb der Präriegräser erfolgt knapp über dem Boden. Daher wachsen sie auch weiter, wenn sie weiter oben abgeschnitten oder abgefressen werden. Grasfresser können also weiden, ohne das Gras zu vernichten.

***Die Bisons** ziehen in Herden umher, Bullen und Kühe getrennt. Ihre Ausscheidungen düngen das Grasland.*

***Die Präriehunde** sind kleine Nager, die Hunderte von Erdlöchern graben und damit ganze unterirdische "Städte" anlegen. Sie sammeln und horten Samen in großer Zahl und fördern so das Wachstum der Gräser.*

***Das Präriehuhn**, ein naher Verwandter des Auerhahns, balzt im Frühjahr. Dabei bläst es die Luftsäcke an beiden Halsseiten ballonartig auf.*

Zugvögel und Greifvögel

Von den Zugvögeln bilden die Enten, die an den Gewässern leben, die zahlenmäßig größte Gruppe. Die Prärie ist auch die Heimat von Greifvögeln, wie dem Präriefalken und der Kanincheneule. Hier wie anderswo halten diese Raubvögel die Populationen von Insekten, Reptilien, Nagetieren und Vögeln in Grenzen.

Die Gabelböcke *streifen auf der Suche nach Gräsern, Kräutern und Blättern von Büschen in kleinen Herden durch die Prärie.*

Der Schreikranich, *der vom Aussterben bedroht ist, besucht die Prärie nur während der Zugzeit.*

Der Präriefalke *findet in der Prärie dank der zahlreichen Nagetiere immer reichlich zu fressen.*

Der Kojote *lebt vorwiegend in der Mischgrasprärie. Er ernährt sich von Kaninchen, Nagetieren und Vögeln, frißt aber auch Aas.*

Die Diamantklapperschlange *ist die giftigste Schlange Nordamerikas. Sie hebt sich dank ihrer Hautzeichnung kaum von der Vegetation ab, so daß sie gut getarnt Kaninchen und Vögel jagen kann.*

Die Kanincheneule *ist vor allem im Süden der Prärie anzutreffen. Sie zieht in Erdlöchern ein, die von Nagetieren verlassen wurden.*

An der Ostküste der USA ist die südliche Hälfte reicher an verschiedenen Tierarten und Lebensräumen. Diese Vielfalt hat ihre Ursachen in einem tropisch-subtropischen Klima mit ausreichend Niederschlägen und gleichmäßigen Temperaturen, wie es für das Gebiet der Everglades im Süden Floridas charakteristisch ist.

Eine feuchte Gegend

Die Everglades sehen wie ein riesiges Puzzle aus Tümpeln und Sümpfen aus. Sie erstrecken sich über ein 80 km breites und 160 km langes Gebiet. Brackwassertümpel wechseln mit den Sumpfwäldern aus Sumpfzypressen und Mangrovearten ab.

Das allgegenwärtige Wasser ist bestimmend für die Tierarten, die hier leben. In den Fließgewässern tummeln sich Fische, wie der Knochenhecht, und Reptilien, wie der Alligator. Zahlreiche Säugetiere leben am Wasser: die Bisamratte mit Schwimmhäuten an den Hinterbeinen oder der Waschbär mit seinem dichten, wasserundurchlässigen Fell.

***Der Alligator** lebt überwiegend im Wasser. Im allgemeinen ist er bei Nacht aktiver als bei Tag. Seine Nahrung besteht aus Fischen, aber auch aus Krebsen und Vögeln.*

***Der Sandhügelkranich** baut sein Nest auf Holzstücken und Schilf. Seine gerade geschlüpften Jungen können schon schwimmen.*

***Der Rotschulterstärling** brütet sein Ei im Nest eines anderen Vogels aus.*

***Der Dreifarbenreiher** hat breit ausladende Krallen, mit denen er auf dem Sumpfboden gut gehen kann, ohne einzusinken.*

***Der Schneereiher** nistet in Kolonien auf denselben Bäumen. Er frißt Fische, Frösche und am Wasser lebende Insekten.*

Ein Paradies ... für Stechmücken

Die Everglades sind berüchtigt als eines der stechmückenreichsten Gebiete der Erde. Der Stich gewisser Arten kann sogar gefährlich werden. Andererseits haben diese Insektenschwärme die Menschen ferngehalten. Ihnen ist es zu verdanken, daß einige der schönsten Regionen Floridas unversehrt erhalten geblieben sind.

Über dreihundert Vogelarten

Wie die meisten anderen Sumpfgebiete, so sind auch die Everglades die Heimat unzähliger Vögel, die hier reichlich Nahrung und gut geschützte Nistplätze finden. Am zahlreichsten sind die Stelzvögel, die in enger Nachbarschaft leben, ohne sich ins Gehege zu kommen. So fischt beispielsweise der Dreifarbenreiher Fische in Ufernähe, der Rötelreiher in mäßig tiefen Gewässern, der große Blaureiher hingegen in noch tieferem Wasser.

***Der Anhinga** oder Schlangenhalsvogel ist ein Tauchvogel, der seinen Namen seinem langen schmalen Hals und spitzen Schnabel verdankt.*

***Der Blaureiher** baut sein Nest in einem Baum. Er polstert sein Nest oft mit dem in Sumpfgebieten reichlich vorhandenen Gras und Moos.*

***Die Bisamratte**, die in den Sumpfgebieten beheimatet ist, baut sich im Gegensatz zu ihren Artgenossen an Flußufern lieber eine Hütte aus Schilf, als einen Gang in die Uferböschung zu graben.*

Der Lamantin oder die Seekuh ist ein grasfressendes Säugetier und verläßt das Wasser nie. Die hinteren Extremitäten fehlen, die vorderen sind als Schwimmflossen ausgebildet.

Louisiana: das Mississippidelta

Durch Louisiana fließt der Mississippi, ein mächtiger Strom, der tonnenweise Schutt und Geröll mitführt und ein riesiges Flußdelta mit stark gegliederter Küste gebildet hat. Seen, Flußarme, Bäche, Sümpfe und Moore prägen das Landschaftsbild.

1 ***Der Mississippi-Alligator*** *bevölkert das Delta. Das Weibchen legt 20-70 Eier in einem zusammengescharrten Pflanzenhaufen ab und bewacht das Nest bis zum Schlüpfen der Jungen.*

2 ***Die Sumpfzypresse*** *hat dank ihres unten breit werdenden Stammes guten Halt auf dem schwammigen Boden. Aus den Wurzeln wachsen Luftwurzeln senkrecht empor, die den Baum atmen lassen.*

Der Schneereiher *nistet in Sumpfzypressen. Sein Kot ist so ätzend, daß manchmal der Nistbaum abstirbt.*

3 ***Die Wasserhyzinthe*** *gedeiht üppig in diesen nährstoffreichen Gewässern. Ihre blaßlila Blüten schwimmen dank der angeschwollenen Blattstiele an der Oberfläche.*

4 ***Die Brautente*** *lebt ganzjährig an den Bayous. Sie baut ihr Nest am liebsten in Baumhöhlen, die von Spechten verlassen worden sind.*

Das Land der Bayous
Überall fließen kleine Bäche mitten durch das überschwemmte Gebiet: das sind die Bayous. In den stehenden Gewässern leben Schildkröten, Flußkrebse und Salamander. An der Küste vermischen sich Süß- und Salzwasser zu Brackwasser. Hier tummeln sich Nutrias, Krabben, Bisamratten und Alligatoren, auch Meerforellen und Sonnenbarsche, bis sie geschlechtsreif sind und zum Laichen ins offene Meer schwimmen.

Ein Teppich aus Pflanzen
Manchmal ist das Wasser zugedeckt von Seerosen, Lotusblüten und zartgrünen Wasserlinsen. Das lila Blütenmeer der Wasserhyazinthen ist aber eine Plage, denn es nimmt den übrigen Pflanzen alles Licht und Sauerstoff weg.

Die Sumpfgebiete in Küstennähe werden oft vom Meer überschwemmt. Dort wachsen nur Wassergräser und -pflanzen.

Westküste: die kalifornische Wüste

Die Westküste erstreckt sich über 2 000 km, von Seattle im Norden bis San Diego im Süden. Sie hat im wesentlichen ein gemäßigtes Klima. In der Mojave-Wüste hingegen herrscht extreme Trockenheit: Temperaturen von 54 °C sind im Death Valley (Tal des Todes) keine Seltenheit.

Von Norden nach Süden

Im Norden der Pazifikküste herrscht ein gemäßigtes Meeresklima. Die starken Gezeiten haben die Küste stark zerklüftet. An den Steilküsten nisten Kormorane, Austernfischer und große Möwenarten. Das Klima an der kalifornischen Küste gehört dem mediterranen Typus an: milde Winter, sehr heiße Sommer. Im offenen Meer gibt es Schwertwale, die sogar andere Wale jagen.

Im Südosten: die Wüste

Die Wüstenvegetation besteht aus Mimosengewächsen, wie dem gelbblühenden Palo verde, und Kakteen, wie dem Saguaro, auch Riesen-Säulenkaktus genannt. Er wird bis 15 m hoch und hat ein schwammiges Gewebe, das das wenige vorhandene Wasser speichert. Außerdem gibt es noch Opuntien, auch Feigenkaktusse genannt. Yuccas (Joshuabaum) und Agaven bilden Gehölze mit harten und scharfrändrigen Blättern.

***Der Kojote** oder **Schakal** ist ein Aasfresser.*

***Die Klapperschlange** hat am Schwanzende Hornsegmente, deren klapperndes Geräusch ihre Feinde abschreckt.*

***Der Chuckwalla** ist Pflanzenfresser und eine der größten Echsen Nordamerikas (60 cm). Er kann sich aufblasen, um so bei Gefahr seine Verfolger abzuschrecken.*

***Der Skunk** oder **das Stinktier** spritzt eine übelriechende Flüssigkeit aus seinen Analdrüsen auf eventuelle Angreifer.*

Der Rotschwanzbussard *kommt in Nordamerika häufig vor und hat sich dem Wüstenleben angepaßt. Er jagt Nager, Reptilien und Insekten.*

Der Saguaro – ein Kaktus besonderer Art

Der Säulenkaktus wird von einigen Vogelarten bewohnt: der Gila-Bindenspecht bohrt Löcher hinein, der Kaktus-Zaunkönig nistet darin, die Kolibris trinken seinen Blütennektar. Auch Säugetiere leben von ihm. Die Buschratte z.B. vergräbt sich an seinem Fuß und frißt sein Fruchtfleisch.

Rubinkehlkopf-Kolibri

Die Wüste lebt vor allem nachts

Nach Einbruch der Dunkelheit ist die Hitze erträglicher. Viele Tiere gehen dann erst auf Nahrungssuche, wie z.B. der Uhu, der Luchs, die Känguruhratte, der Eselhase, der Kojote, die Klapperschlange und das Stinktier.

Gila-Bindenspecht

Das Mojave-Erdhörnchen *verbringt die sieben heißesten Monate des Jahres energiesparend im Schlaf und wacht nur gelegentlich auf.*

Die Wüstenschildkröte *trinkt, indem sie in die Opuntien beißt. Ihr Panzer schützt sie vor der Gluthitze bei Tag.*

Die Känguruhratte *ernährt sich hauptsächlich von Samen, aber auch von Insekten und kleinen Eidechsen.*

Die Anden

An der Westküste Südamerikas zieht sich auf über 7 500 km die Kette der Anden hin – der längste und lange für unüberwindlich gehaltene Gebirgszug der Welt. Er weist sehr unterschiedliche Landschaftstypen auf: die Nordanden mit üppiger Vegetation, die schneebedeckten Südanden mit Wüstengebieten in den Hochebenen.

Üppige Tropenwälder

Im Gegensatz zur Westflanke hat die Ostflanke der Anden ganzjährig reichliche Niederschläge. Sie ist von großen Regenwaldflächen bis in die Ebene bedeckt und bietet Tropenvögeln, Jaguaren, Tapiren und großen Schlangen, wie z.B. der Anakonda, Lebensraum.

Die Hochebenen der Anden

Ansteigend zum Hauptkamm der Anden folgen auf die heißen, tropischen Gebiete (bis 700 m) erst gemäßigte (bis 2 000 m) und dann, ab 2 500 m, die kalten Hochebenen. Auf den humiden Bergwiesen leben zahlreiche Vogelarten und Säugetiere, wie der Brillenbär. Die trockenen Hochebenen, Altiplano genannt, tragen eine steppenartige Vegetation, die als Puna bekannt ist. Neben polsterförmigen Kakteen sowie dem Tolastrauch sind vor allem steifborstige Grasarten vertreten. Der Pflanzenwuchs hört in den Anden erst bei 4500 m auf.

Die Wüsten an der Pazifikküste

Zwischen der Andenwestseite und dem Pazifik liegen Wüstengebiete, von denen die Atacama-Wüste in Nordchile die trockenste Wüste der Erde ist. In dem schmalen Küstenstreifen gibt es fast kein Leben. Nur ein paar Vegetationsinseln sind an den Wildbächen, die von den Gipfeln herabstürzen, zu finden.

*Die **Puya raimondi** ist ein stattliches, baumförmiges Ananasgewächs, das das rauhe Klima der Hochebenen aushält. Ihre Blätter bieten den Tieren der Puna Unterschlupf.*

Ein See in 3 812 m Höhe

Die Hochebenen der Anden umschlossen früher zwei Binnenmeere, die ausgetrocknet sind. Nur Sümpfe, große Salzpfannen und zwei Seen sind übrig. Einer davon ist der Titicaca-See, der höchstgelegene See der Welt. An seinen schilfbewachsenen Ufern leben zahlreiche Wasservögel.

***Der Anden-Kondor** ist einer der größten Vögel der Welt. Dank seiner gewaltigen Schwingen kann er auch noch in Höhen über 4 000 m mühelos fliegen.*

***Der Brillen-** oder **Andenbär** ist der einzige Bär der Südhalbkugel.*

***Das Vikunja** ist mit dem Lama und Alpaka nah verwandt. Es ernährt sich von den Pflanzen des Altiplano.*

***Die Chinchilla** ist ein kleines Nagetier. Ihr dichtes, seidiges Fell ist ein wirksamer Schutz vor der Kälte.*

Abfolge der Landschaftstypen / Seehöhe in Meter

Das Amazonasbecken

Das Amazonasbecken nimmt eine Fläche von der Größe Australiens ein. Etwa 500 Fließgewässer vereinen sich mit dem Amazonasstrom auf seinem 7 000 km langen Lauf von den Anden zum Atlantik.

Kampf um das Licht
Volles Licht erhalten nur die bis 70 m hohen Riesen unter den Regenwaldbäumen. Darunter, in etwa 40 m Höhe, kämpfen andere Baumarten mit ihren weitausladenden Kronen und speziellen Brettwurzeln um das noch verfügbare Sonnenlicht. Palmen, Feigenbäume, Bambusarten, Kautschuk-, Kapok-, Balsa- und Ameisenbäume wachsen an den Flußufern. Die meisten Bäume sind mit Lianen, Moosen, Farnen und Orchideen bewachsen.

Die Tiere des Flusses
Das Wasser ist das Reich der Kaimane, Piranhas, Wasserschildkröten und elektrischen Fische. Auch die Arapaimas (sie sind mit bis 90 kg Gewicht die größten Südwasserfische) leben hier.

***Der schwarze Anhinga** (Schlangenhalsvogel) kann tief tauchen, um seine Beute zu erwischen.*

***Die Anakonda** (6 m) ernährt sich von Vögeln und Säugetieren, die zum Trinken ans Wasser kommen.*

① ***Der Jakamar (Glanzvogel)** ist ein mit den Spechten verwandter Vogel mit langem Schwanz. Er ist Insektenfresser und gräbt Niströhren in den Boden.*

② ***Das Riesengürteltier** ist ein Säugetier. Bewegliche Hornplatten bedecken panzerartig seinen Körper. Bei Gefahr rollt es sich zur Kugel zusammen.*

Die Würgefeige
Die Samen der Feigenbäume keimen in Astgabeln und treiben ihre Wurzeln in Richtung Boden, während ein neuer Stamm und neue Wurzeln den Wirtstamm so einschnüren, daß er abstirbt.

Mimese und Überlebenskampf

Viele Tiere haben die Tarnung zu einer echten Kunst entwickelt. Der Panzer der Matamata-Schildkröte z.B. sieht wie totes Holz aus. Manche Vögel sind so bunt, daß sie sich von den Blüten nicht mehr unterscheiden. Die Kaimane sehen wie morsche Baumstämme aus. Und Schlangen sehen oft Lianen täuschend ähnlich.

***Der Kaiman** ernährt sich von Weichtieren, Krebstieren, Fischen und Fröschen. Er kann auch Menschen gefährlich werden.*

Der Piranha
ist zwar nur etwa 35 cm lang, verschlingt aber auch große Tiere im Nu bis auf das Skelett.

*③ **Der Brüllaffe** hat dank seines kräftigen Kehlkopfs eine laute Stimme. Sein Geschrei ist kilometerweit zu hören. Als Nahrung dienen ihm Blätter und Früchte.*

*④ **Der Tukan** hält sich meist in den Baumwipfeln auf. Er hat einen riesigen, aber leichten Schnabel und ernährt sich von süßen Früchten und Beeren.*

*⑤ **Das Wasserschwein** ist das größte Nagetier (1,20 m lang, 50 kg). Als ausgezeichneter Schwimmer sucht es bei Gefahr seine Rettung im Wasser.*

Die Pampa und Patagonien

Ein großer Teil von Südamerika ist Steppengebiet, das im Norden und Westen von Savannen umgeben ist. Dieses Grasland, auch Pampa genannt, bedeckt ganz Ostargentinien auf einer Fläche von etwa 0,5 Millionen km², Patagonien erstreckt sich zwischen Feuerland und dem Tal des Colorado-Flusses. Bis auf wenige Ausnahmen überwiegt Steppenvegetation in diesen beiden Gebieten.

Viehherden in kontrollierter Freiheit
Seit den spanischen Invasionen im 16. Jahrhundert haben sich Ziegen, Kühe und Stiere gewaltig vermehrt und sind wieder zu wildlebenden Tieren geworden. In Argentinien sind sie einer der großen Reichtümer des Landes.

Die feuchte Pampa
Charakteristisch für die Pampa sind heiße Sommer und milde Winter sowie ausreichend Niederschläge im Frühjahr und Herbst. Die feuchte Pampa überwiegt im Osten. Das Bodenrelief ist dort flach, Bäume fehlen ganz. Die Vegetation besteht hauptsächlich aus Gräsern. Stehende Gewässer bilden stellenweise kleine Tümpel, an denen Schilf wächst.

① ***Der Nandu*** *ist der größte Vogel der Pampa. Dank seiner Größe kann er leicht sein Umfeld überblicken und Feinde rechtzeitig entdecken.*

② ***Die Viscacha*** *(80 cm, 7 kg) lebt in großen Kolonien. Sie gräbt ein Netzwerk unterirdischer Gänge, die man Viscacheras nennt.*

③ ***Der Pampahirsch*** *ist das einzige mittelgroße Säugetier der Pampa. Da sein Lebensraum durch die Ausweitung der Anbauflächen eingeengt ist, wird er immer seltener.*

Der Mähnenwolf ernährt sich – wie die meisten anderen Jäger der Pampa – auch von Früchten.

***Das Meerschweinchen** der Pampa lebt an der Erdoberfläche. Es versteckt sich unter Grasbüscheln.*

*④**Der Puma** ist aus der Pampalandschaft fast ganz verschwunden. Die Viscachas, die früher seine Hauptnahrung waren, sind daher heute sehr zahlreich.*

*⑤**Das Borstengürteltier** (1,5 m, 50 kg) hält sich meist in seinem unterirdischen Bau auf. Die wirbellosen Tiere der Pampa sind seine Hauptnahrung.*

Patagonien – eine unwirtliche Landschaft
Patagonien besteht im wesentlichen aus felsigen Hochebenen, die in Stufen zu den Anden hin ansteigen. Das Klima ist kalt und trokken. Im Winter fegt ein eiskalter Wind aus der Antarktis über die Felsplateaus. Nur Zwergsträucher wachsen hier, die wenigen Bäume sind verkrüppelt. Auf den Berghängen von Feuerland wachsen Südbuchenwälder.

Leben in der Pampa
Die meisten Jäger der Pampa, wie z.B. der Pampafuchs und das Azara-Oppossum sind Allesfresser.
Die kleinen Säugetiere, wie z.B. die Viscachas und die Kammratten, bleiben tagsüber in ihrem Bau, da natürliche Verstecke fehlen.

Die trockene Pampa
mit ihren sandigen Böden nimmt den Westteil ein. Die Vegetation, dort “Monte” genannt, setzt sich aus Dornbüschen (z.B. Akazienarten) und Kakteen (darunter Opuntien) zusammen.

LEBENSRÄUME DER POLARGEBIETE

Die Arktis ist das Gebiet um den Nordpol, die Antarktis das Gebiet um den Südpol. Gemeinsam sind ihnen Schnee, Eis und die gewaltige Kälte, die beide zu unwirtlichen Regionen macht. Die Klimaverhältnisse sind so rauh, daß nur wenige Tier- und Pflanzenarten sich ihnen anpassen konnten und praktisch keine Menschen dort leben. Dies wiederum ist der Grund dafür, daß die Polargebiete zu den letzten Winkeln unserer Erde zählen, wo die Natur noch im Naturzustand zu sehen ist. Seit 1991 untersagt ein internationales Abkommen für die nächsten fünfzig Jahre jede Art von Bergbau in der Antarktis und der Arktis.

Die Arktis ist ein Meer, das von bewohnten Gebieten umgeben ist: Nordsibirien, Alaska, einem Teil von Kanada und Grönland. Jeweils etwa 6 Monate ist dort Tag bzw. Nacht. Lappen und Eskimos leben vereinzelt in dieser Eiswüste. Seit jeher kleiden und ernähren sie sich von Fischen und polaren Säugetieren wie Eisbär, Rentier und Seehund.

Ein eisbedecktes Meer

Von den Landgebieten der Arktis ist nur Grönland von einer ewigen Eisschicht bedeckt. In den übrigen ist der Boden nur ein paar Meter tief gefroren – man nennt das Permafrost.

Das Eismeer ist von Packeis bedeckt. Am Ende des langen Winters steigt die Temperatur an, das Packeis bricht und gewaltige Eisblöcke lösen sich davon ab.

Die Säugetiere der Polargebiete

Im Sommer sind die Wölfe, Lemminge, Hasen und Feldmäuse sehr aktiv. Sie alle haben sich den kärglichen Nahrungsverhältnissen angepaßt. Die Lemminge z.B. leben von Moosen und Flechten. Aber keines der Säugetiere wagt sich auf das Packeis hinaus. Dort ist das Reich der Walrosse, Seehunde und Eisbären.

***Ein Eisberg** kann so bizarre Formen annehmen wie dieser, der an einen Kirchturm erinnert.*

***Das Rentier** ernährt sich von Flechten, wandert aber dabei weiter, so daß die Vegetation nachwachsen kann.*

***Der Polarwolf** ist ein großer Jäger. Sein weißes Fell ist eine perfekte Tarnung, wenn er Jagd auf Rentiere und Moschusochsen macht.*

Die Vogelscharen am arktischen Himmel

In der Aktis leben viele Seevögel - Möwen, Seeschwalben, Raubmöwen -, die auch in der Antarktis zu finden sind. Papageitaucher und Tordalk hingegen leben in Kolonien auf dem Packeis, kommen aber nur auf der nördlichen Halbkugel vor. Dank ihrer schmalen, kurzen Flügel sind sie ausgezeichnete Taucher, die auch tief im Wasser mit Leichtigkeit Fische fangen.

Trostloses Ödland

Die Schneeschmelze legt eine einförmige Vegetation aus Flechten, Moosen und Algen – die Tundra – frei. Trotz der nährstoffarmen Böden kann man etwa hundert Pflanzenarten in der Tundra unterscheiden, die jedoch in Anpassung an das Klima flach am Boden wachsen, damit sie den eisigen Winden trotzen können.

Die Küstenseeschwalbe *kommt zum Nisten in die Arktis, kehrt aber am Ende des Sommers in die Antarktis zurück. Sie fliegt auf diese Weise pro Jahr einmal rund um den Globus.*

Der Eisbär

Der Eisbär ist das einzige Landlebewesen, das auf dem Packeis rings um den Nordpol lebt. Seine Lieblingsnahrung sind Seehunde. An den Luftlöchern, die die Seehunde an vielen Stellen im Eis freihalten, wartet der Bär, bis ein Seehund auftaucht, und packt ihn dann.

Die Antarktis

Die Antarktis ist der Kontinent um den Südpol, größer als Europa oder Australien. Eine dicke Schicht ewigen Eises, aus der vereinzelt sturmgepeitschte Gebirge aufragen, bedeckt diese kälteste und abgeschiedenste Region der Erde.

Ein Gebirge aus Eis im Meer

Die Antarktis ist fast vollständig von einer mehrere tausend Meter dicken Eisschicht bedeckt, die auch die Temperatur der umliegenden Meere abkühlt.

Fließende Eismassen

Wenn Schnee fällt, verwandelt er sich allmählich in Eis, das Gletscher bildet und langsam an den Gebirgen abwärts fließt.
Wenn so ein Gletscher ins Meer mündet, bildet er mächtige Platten aus Süßwassereis. Diese Schollen reichen kilometerweit hinaus, bevor sie von der Küste abbrechen und als riesige Tafel-Eisberge ins offene Meer treiben.

***Das Packeis**, das die Polarmeere bedeckt, setzt sich aus zwei Arten von Eis zusammen: aus dem jährlich neu hinzukommenden Eis, das sich zu Beginn des Winters bildet und im Frühjahr schmilzt, und dem Polareis, das von Jahr zu Jahr überdauert und eine konstante Dicke aufweist.*

Der Polarwinter

Acht bis neun Monate dauert der Polarwinter. In dieser Zeit liegt ein breiter Packeisgürtel vor den Küsten. Die Randgebiete an der Meeresküste sind jedoch weniger kalt als das Landesinnere, wo die Temperaturen nie höher als bei minus 25 °C, manchmal sogar bei minus 90 °C liegen.

Die Eisdecke der Antarktis *stellt zwei Drittel der Süßwasserreserven unseres Planeten dar. Man hat sogar schon daran gedacht, einen Eisberg abzuschleppen und ihn zu einem Land zu bringen, das zu wenig Wasser hat!*

Die Vulkane am Südpol

Obwohl die Antarktis zugefroren und eisbedeckt ist, besitzt sie Vulkane, von denen zwei aktiv sind. Im Krater des fast 3 800 m hohen Erebus brodelt ein See flüssiger Lava. Ebenso eindrucksvoll ist der Vulkan der Insel Déception: in diesem Jahrhundert ist er zweimal ausgebrochen und hat dadurch die sofortige Evakuierung der Forschungsstationen in der Umgebung ausgelöst.

Die Forschungsstationen *rund um den Kontinent und auf dem Inlandeis sind die einzigen Orte, an denen Menschen leben. Viele Staaten haben Stationen eingerichtet, um den Lebensraum zu erforschen. Die Antarktis ist ein bevorzugtes Forschungsgebiet, vor allem für die Klimaforschung und das Studium der Polarlichter. Manche Forscher sind der Ansicht, daß dieser Kontinent jahrtausendelang die Rolle eines Klimaregulators für unsere Erde gespielt hat und weiter spielen wird.*

Das Leben in der Antarktis

Eiskalte Wüstenlandschaft

Wegen ihrer Abgeschiedenheit und ihres rauhen Klimas war die Antarktis seit jeher Ödland. Im Gegensatz zum Nordpol, der von bewohnten Gebieten umgeben ist, gibt es am Südpol kein einziges Landsäugetier. Das Meer ist die alleinige Quelle des Lebens. Daher sind Meeressäugetiere und Vögel die einzigen Tierarten, die in dieser Region leben.

Das Polarmeer

Im Sommer wie im Winter bleibt die Temperatur der Polarmeere nahezu konstant. Nährstoff- und mineralsalzreiche Meeresströmungen begünstigen das Pflanzenwachstum. Daher sind winzige Lebewesen und viele Fischarten in den Polarmeeren reichlich vorhanden. Um im eiskalten Wasser überleben zu können, verfügen sie über Regulierungssysteme zur Erhöhung des Salzgehalts oder der Proteinwerte in ihrem Blut.

Die großen Wale

In der Antarktis leben die Bartenwale. Sie heißen so, weil sie mit ihren vom oberen Gaumen herabhängenden Barten Plankton aus dem Meer filtern. Es sind die großen Blauwale, die Buckelwale, die Glattwale und die Zwergwale.
Die großen Wale waren früher in der Antarktis sehr zahlreich. Durch den Walfang wurden ihre Bestände dezimiert. Heute werden sie durch internationale Abkommen geschützt.

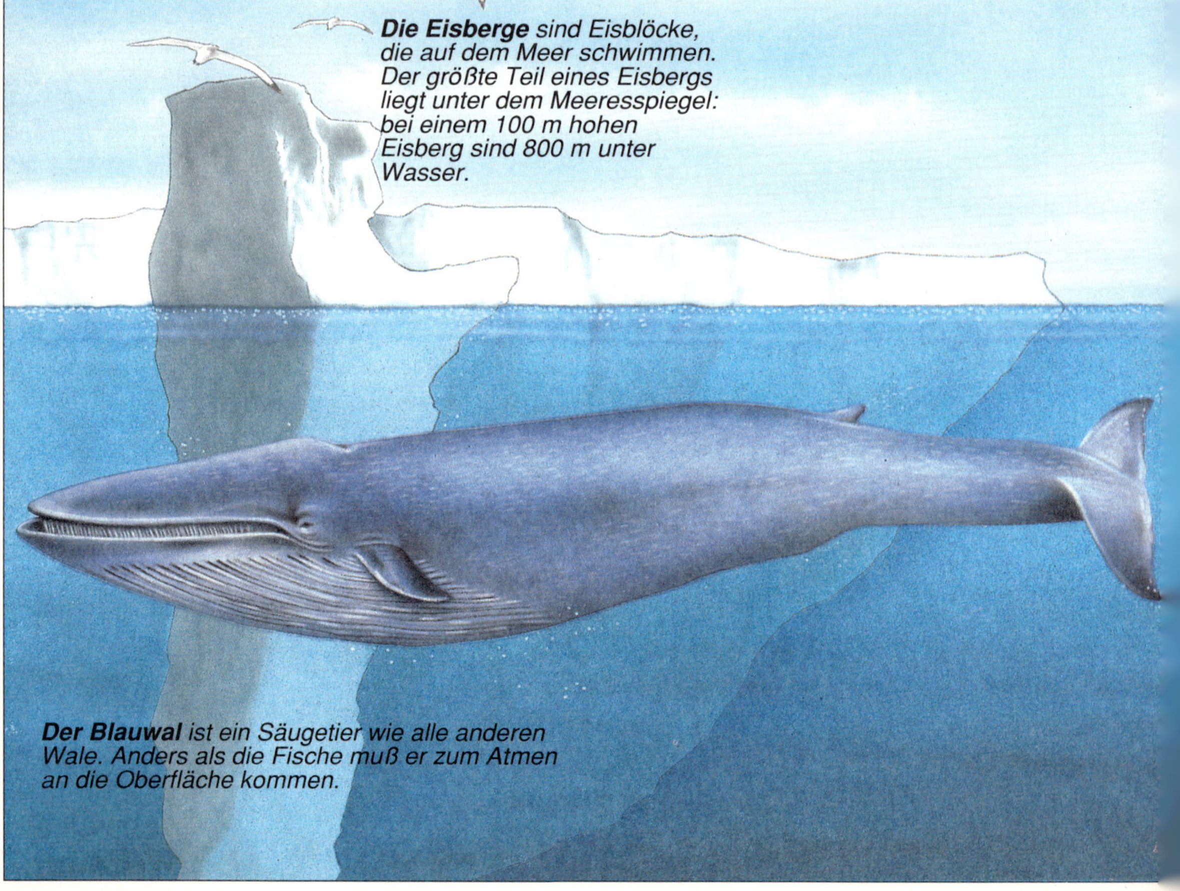

***Die Eisberge** sind Eisblöcke, die auf dem Meer schwimmen. Der größte Teil eines Eisbergs liegt unter dem Meeresspiegel: bei einem 100 m hohen Eisberg sind 800 m unter Wasser.*

***Der Blauwal** ist ein Säugetier wie alle anderen Wale. Anders als die Fische muß er zum Atmen an die Oberfläche kommen.*

Zwischen Land und Meer

Die wichtigsten Tierarten der Antarktis leben zwischen Land und Meer, ernähren sich von Fischen und nisten an der Küste. Zu ihnen zählen die See-Elefanten, die Robben, Seevögel wie die Sturmvögel, Küstenseeschwalben, Raubmöwen und Albatrosse. Am bekanntesten sind aber die in Kolonien lebenden Kaiserpinguine.

Der Krill besteht aus unzähligen winzigen Krebstieren, die sich von Plankton ernähren. Die Robben, die Pinguine und die Wale sind ganz versessen auf Krill.

Die Raubmöwen *sind Raubvögel, die kleinere Vögel wie die Seeschwalben so lange bedrängen, bis sie die eben gefangenen Fische wieder hervorwürgen.*

Die Albatrosse *können monatelang über das Meer fliegen und dabei einige tausend Kilometer zurücklegen.*

Die Kaiserpinguine *können nicht fliegen und bewohnen nur die Südhalbkugel. Sie ernähren sich von Fischen und watscheln aufrecht auf ihren mit Schwimmhäuten versehenen Beinen über das Packeis.*

Robben und Seelöwen *ernähren sich von Fischen und sind ausgezeichnete Schwimmer. An Land bewegt sich der Seelöwe mit Leichtigkeit, der Seehund hingegen kann seinen Körper nur unbeholfen und ruckartig vorwärtsbewegen.*

Der See-Elefant *ist das größte Meerestier der Antarktis nach den Walen. Diese riesige Robbe hat unter der Haut eine dicke Speckschicht, die sie vor Kälte schützt und bis 10 cm dick werden kann.*

DER MENSCH UND DIE NATUR

Der Mensch hat in den letzten Jahren die Gefahren erkannt, die seine Umwelt bedrohen. Die Verunreinigung durch die Industriegesellschaften hat weitreichende Folgen für die Natur: Autoabgase und Fabriken verschmutzen die Luft; die Meere werden als Müllkippen mißbraucht, ständig sterben Tier- und Pflanzenarten aus. Die Bevölkerung der armen Länder sieht sich durch die Ausdehnung der Wüsten und den Rückgang der Waldbestände in ihrer Existenz bedroht. An der Schwelle zum dritten Jahrtausend stellt die Erhaltung der natürlichen Umwelt eine der vorrangigen Aufgaben für die Menschheit dar.

Der Mensch verändert die Landschaft

Seit es Menschen gibt, hat sich das Antlitz der Erde schneller verändert als je zuvor. Vor 6 000 Jahren bedeckten noch riesige Wälder die Kontinente. Sie wurden fast restlos gerodet und mußten der Landwirtschaft weichen. Für denselben Zweck hat der Mensch die Berghänge urbar gemacht, Meeresbuchten trockengelegt und so tiefgreifende Veränderungen des Landschaftsbildes bewirkt.

Verschwundene Eichenwälder
Vor einigen Jahrtausenden bedeckten Eichenwälder den gesamten Mittelmeerraum. Die Bauern brannten sie nieder, die Römer schlugen die Wälder großflächig, schließlich trug die Erosion das Erdreich fort. Heute erscheint uns die Macchie als ganz natürliche Landschaftsform.

Die Landgewinnung in Holland
In den Niederlanden wurden durch die Errichtung großer Deiche ausgedehnte Landflächen dem Meer abgerungen und in Kulturland umgewandelt. Heute liegt beinahe die Hälfte des holländischen Staatsgebietes unter dem Meeresspiegel.

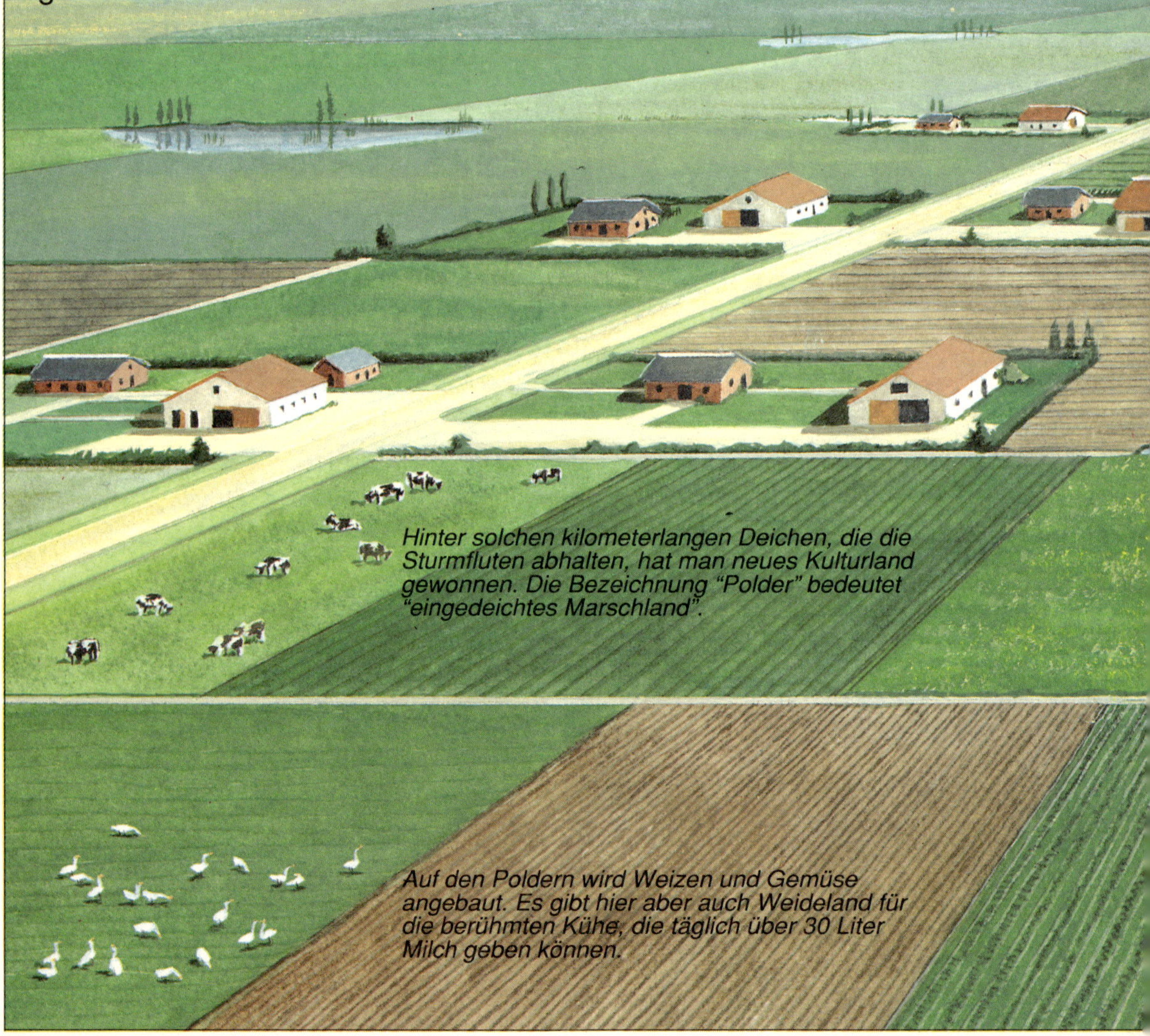

Hinter solchen kilometerlangen Deichen, die die Sturmfluten abhalten, hat man neues Kulturland gewonnen. Die Bezeichnung "Polder" bedeutet "eingedeichtes Marschland".

Auf den Poldern wird Weizen und Gemüse angebaut. Es gibt hier aber auch Weideland für die berühmten Kühe, die täglich über 30 Liter Milch geben können.

Der Rückgang der Wälder und die Vergrößerung der Ebenen

In Europa sind die großen Ebenen, auf denen Monokulturen von Weizen wachsen, so weit das Auge reicht, keine natürlichen Vegetationsformen. Auch die Wälder sind meist vom Menschen gepflanzt, d.h. die Bäume werden planmäßig geschlagen und durch Jungpflanzen ersetzt. Bestimmte Baumarten wurden aus fernen Ländern eingeführt: Die Roßkastanie zum Beispiel stammt ursprünglich aus Kleinasien.

Der Mensch verändert die Gebirgslandschaft

Im Gebirge sind es die Bäume, die den Boden festhalten. Ihre Wurzeln verhindern nämlich, daß das Regenwasser das Erdreich wegschwemmt. Wenn aber die Hänge als Kulturland dienen, werden die Anbaupflanzen periodisch abgeerntet und der Boden ist dann ungeschützt der Erosion (Bodenabtrag) ausgesetzt. Daher wird weltweit an den Bergflanken Terrassenbau betrieben: viele tausend Kilometer Steinmauern halten die fruchtbare Erde fest.

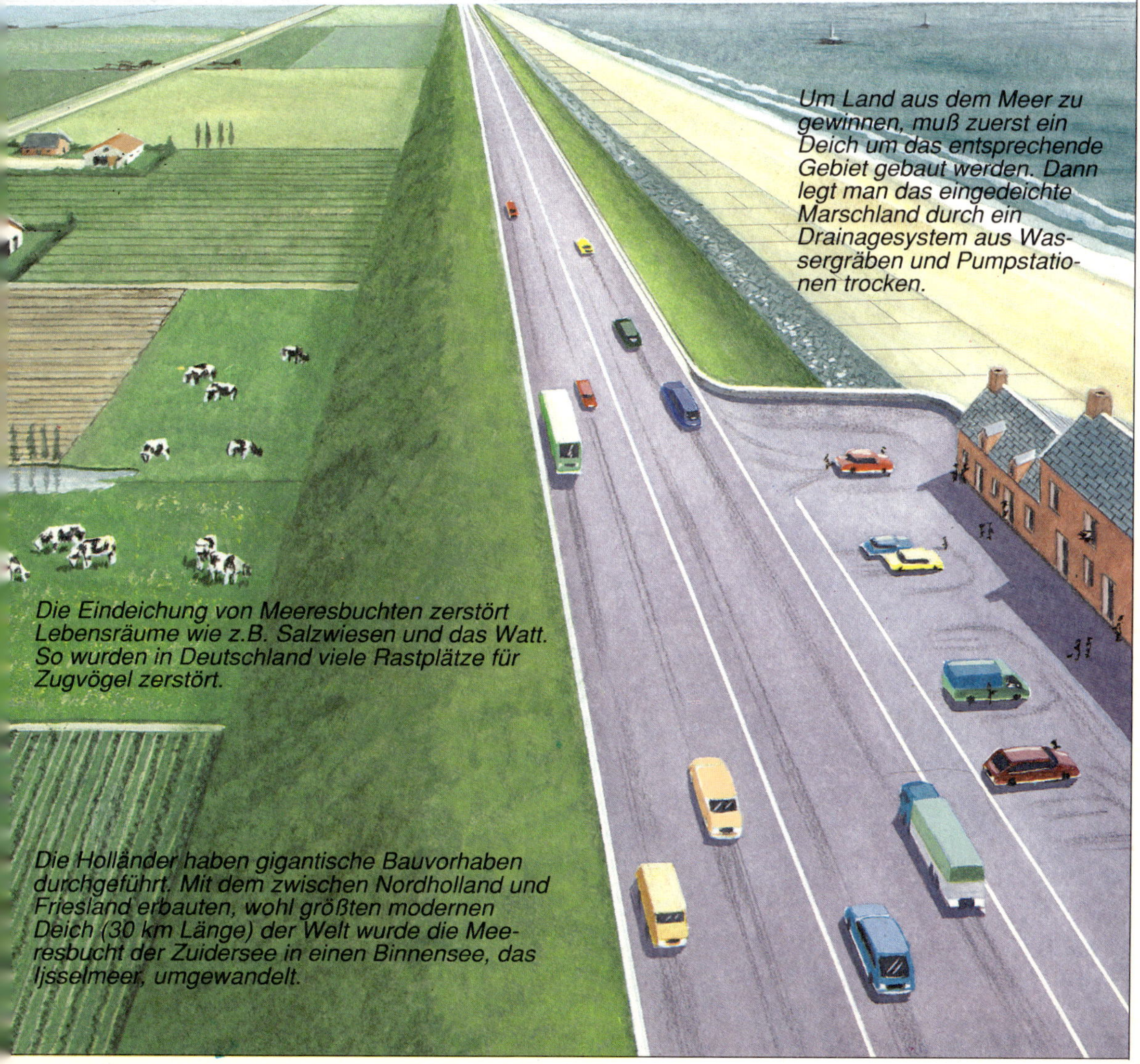

Um Land aus dem Meer zu gewinnen, muß zuerst ein Deich um das entsprechende Gebiet gebaut werden. Dann legt man das eingedeichte Marschland durch ein Drainagesystem aus Wassergräben und Pumpstationen trocken.

Die Eindeichung von Meeresbuchten zerstört Lebensräume wie z.B. Salzwiesen und das Watt. So wurden in Deutschland viele Rastplätze für Zugvögel zerstört.

Die Holländer haben gigantische Bauvorhaben durchgeführt. Mit dem zwischen Nordholland und Friesland erbauten, wohl größten modernen Deich (30 km Länge) der Welt wurde die Meeresbucht der Zuidersee in einen Binnensee, das Ijsselmeer, umgewandelt.

Die Hochsee- und Küstenfischerei

Der Fischfang im Meer ist der bedeutendste Zweig des Fangs von frei in der Natur lebenden Tieren. Er erbringt jährlich bis zu 85 Millionen Tonnen Fisch. Die Menge bleibt seit einigen Jahren annähernd konstant, obwohl der Nahrungsbedarf ständig steigt und die Fangschiffe immer größer und leistungsfähiger werden. Da der Fischreichtum der Meere nicht unerschöpflich ist, ist eine Beschränkung der Fangmengen unerläßlich geworden.

Fischfang in Grenzen

Wenn mehr Fische gefangen werden als Jungfische nachwachsen, nehmen die Fischbestände ab oder können sogar ganz verschwinden. Daher ist es notwendig, den Fischfang durch Höchstmengen, die nicht überschritten werden dürfen, zu begrenzen. Die Festlegung dieser Fangquoten stützt sich auf die Fischbeobachtung durch die Meeresbiologen.

Die Heringe in der Nordsee

Die Ausrottung der Heringsbestände in der Nordsee hat zur Berücksichtigung der Nachwuchsquote geführt. Die Fangmengen sanken zwischen 1966 und 1976 auf ein Zehntel. Der Heringsfang wurde mehrere Jahre lang verboten, dann durch Quoten geregelt. Inzwischen können wieder begrenzte Mengen gefangen werden.

__Die Fangschiffe (Trawler)__ sind mit Ultraschall-Ortungsgeräten ausgerüstet. Damit kann man die Wassertiefe bestimmen und Fischschwärme aufspüren.

__Das Fabrikschiff__ verfügt über Tiefkühlanlagen. Der fangfrische Fisch wird zerteilt und die Haut entfernt. Dann wird er gepreßt und blockweise tiefgefroren. Solange das Schiff auf See bleibt, lagert der Fisch in Kühlräumen.

Auf der Suche nach neuen Arten
Viele Fischarten haben durch Überfischung abgenommen. Um diese vom Aussterben bedrohten Arten zu schonen, mußten sich die Fischer nach neuen Speisefischsorten umsehen. Daher wird heute der Grenadierfisch in über 800 m Tiefe gefangen und als Fischfilet verkauft. Sein besonders dicker Bauch verleiht ihm ein ungewöhnliches Aussehen.

Fischfarmen auf dem Meeresgrund
Seit einigen Jahren züchtet man Meeresfische wie Wolfsbarsch und Steinbutt in großen Käfigen auf dem Meeresgrund. Dadurch kann die steigende Nachfrage gedeckt werden, ohne daß die Gefahr der Überfischung besteht. Die Fischbrut wird mit kleinen Krebstieren (Artemia) gefüttert. Diese wiederum leben von winzigen, in großen Behältern gezüchteten Algen. Damit die Fischzucht ausreichende Erträge bringt, mußten die Züchter also eine vollständige Nahrungskette aufbauen.

__Der Hubschrauber__ hat ebenfalls die Aufgabe, mit einem Sonargerät (Radar) Fischschwärme ausfindig zu machen und der Fischereiflotte zu melden.

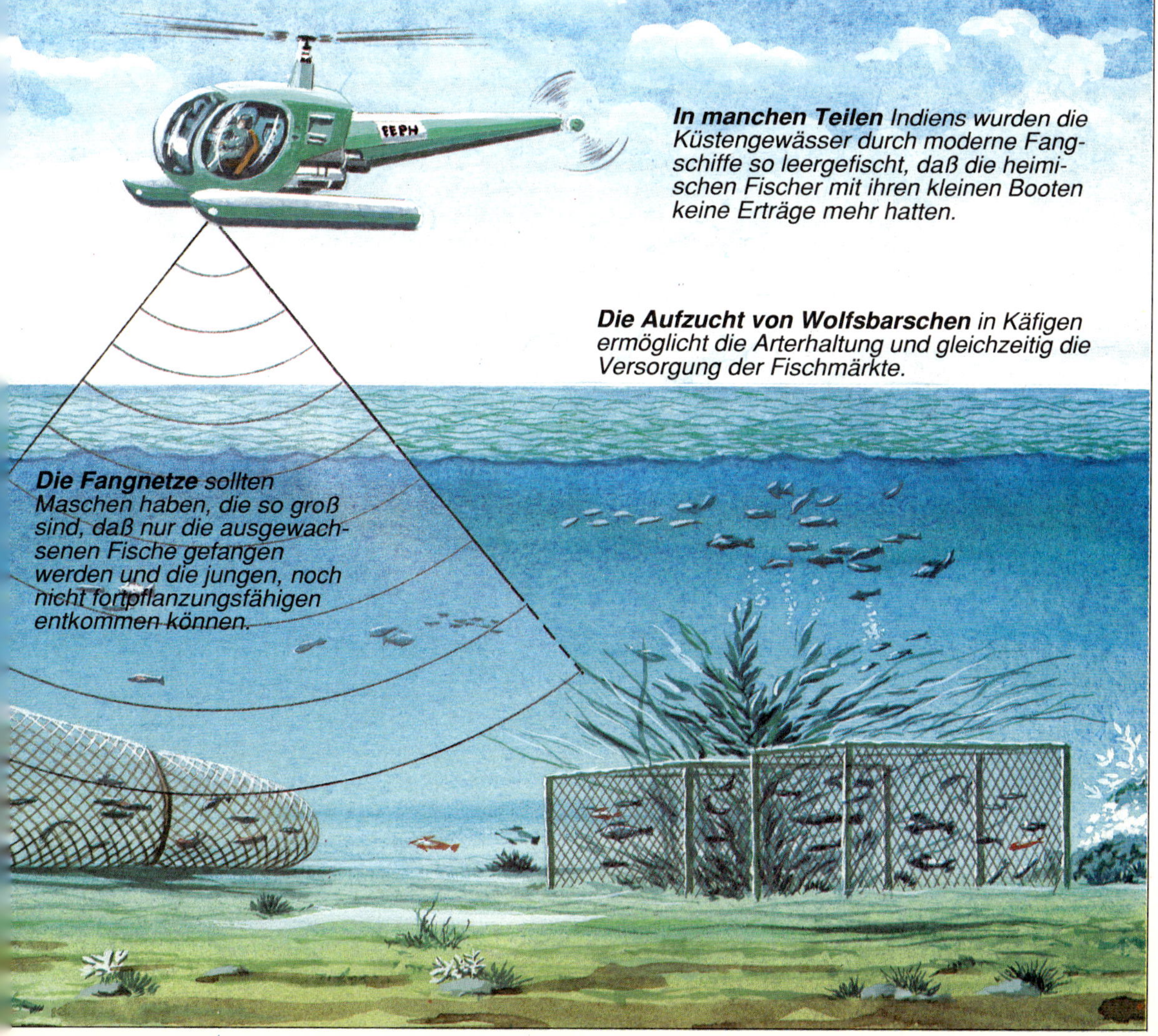

__In manchen Teilen__ Indiens wurden die Küstengewässer durch moderne Fangschiffe so leergefischt, daß die heimischen Fischer mit ihren kleinen Booten keine Erträge mehr hatten.

__Die Aufzucht von Wolfsbarschen__ in Käfigen ermöglicht die Arterhaltung und gleichzeitig die Versorgung der Fischmärkte.

__Die Fangnetze__ sollten Maschen haben, die so groß sind, daß nur die ausgewachsenen Fische gefangen werden und die jungen, noch nicht fortpflanzungsfähigen entkommen können.

Die Landwirtschaft – eine Industrie

Mit dem Anwachsen der Weltbevölkerung um 90 Millionen Menschen pro Jahr steigt der Bedarf an Getreide, Gemüse oder Obst ununterbrochen. Daher muß auch die Produktivität der Landwirtschaft steigen. Dies erreicht man mit Hilfe verschiedener Methoden: Die Wissenschaftler entwickeln neue, ertragreichere Pflanzensorten und der Einsatz von Düngemitteln wird gesteigert. Die Anbauflächen werden durch Rodung oder Fruchtbarmachung bisher unfruchtbarer Böden erweitert. In den reichen Ländern hat dies in zwanzig Jahren zu einer Verdoppelung der Getreideerträge geführt, jedoch auch zahlreiche Umweltprobleme verursacht.

Neuzüchtung von Pflanzen

Wissenschaftler haben neue Weizen-, Reis- oder Maissorten gezüchtet, die immer höhere Ernten erbringen. Sie benötigen aber besondere Pflege und Düngemittel, weil die Böden sich schnell erschöpfen. Solche Neuzüchtungen sind auch anfällig und müssen vor Schädlingen – Insekten oder Pilzen – mit chemischen Mitteln geschützt werden. Auch Pflanzen, die wir “Unkraut” nennen, werden so bekämpft.

Selektion der Anbaupflanzen

Zur Verbesserung von Zuchtsorten kontrolliert man ihre Fortpflanzung. Der Mais eignet sich dafür besonders gut. Man umhüllt die weiblichen Blütenkolben einer Maissorte mit Gazebeuteln, um eine gezielte künstliche Bestäubung mit dem Pollen einer anderen Sorte durchführen zu können. So entsteht eine neue Hybride, die oftmals die Eigenschaften beider Elternteile vereint, z. B. die Resistenz gegen Krankheiten des einen mit dem kräftigen Wuchs des anderen.

Der Einsatz von Mähdreschern *ermöglicht das Abernten großer Anbauflächen mit wenig Arbeitskräften. Die Erträge pro Hektar sind seitdem beachtlich.*

Auswahl der Böden
Bodenabtrag durch Wind und Wetter zerstört oft fruchtbares Land. Große Felder ohne Baumreihen führen dazu, daß der Wind das Erdreich abtransportiert. Regen schwemmt bei Feldern in Hanglage den Boden in Gewässser ab. In China hat das Anpflanzen von Bäumen und das Anlegen von Terrassen die Erosion gebremst. In Kenia wurde eine umfassende Aufforstungskampagne mit amerikanischer Hilfe abgewickelt.

Landgewinnung aus den Wüsten
Weizenanbau mitten in der Wüste ist möglich! – aber teuer, denn dafür braucht man Wasser, muß also Grundwasser aus der Tiefe heraufpumpen oder entsalztes Meerwasser verwenden. Außerdem müssen dem Wasser noch Düngemittel zugesetzt werden, denn der Sand enthält nicht genug Nährstoffe. In den letzten zwanzig Jahren bewirkte moderne Bewässerungstechnik etwa die Hälfte der Ertragssteigerung in der landwirtschaftlichen Produktion der Trockenregionen.

Chemische Produkte
Die Schädlingsbekämpfungs-, Unkrautvernichtungs- und Pilzbekämpfungsmittel ermöglichen hohe Erträge. Der Ackerbau ist somit stark abhängig von chemischen Produkten. Der biologische Anbau kommt ohne diese Stoffe aus. Er reduziert Unkraut durch Hacken oder Abflammen mit Gas, Schädlinge durch ihre natürlichen Feinde.

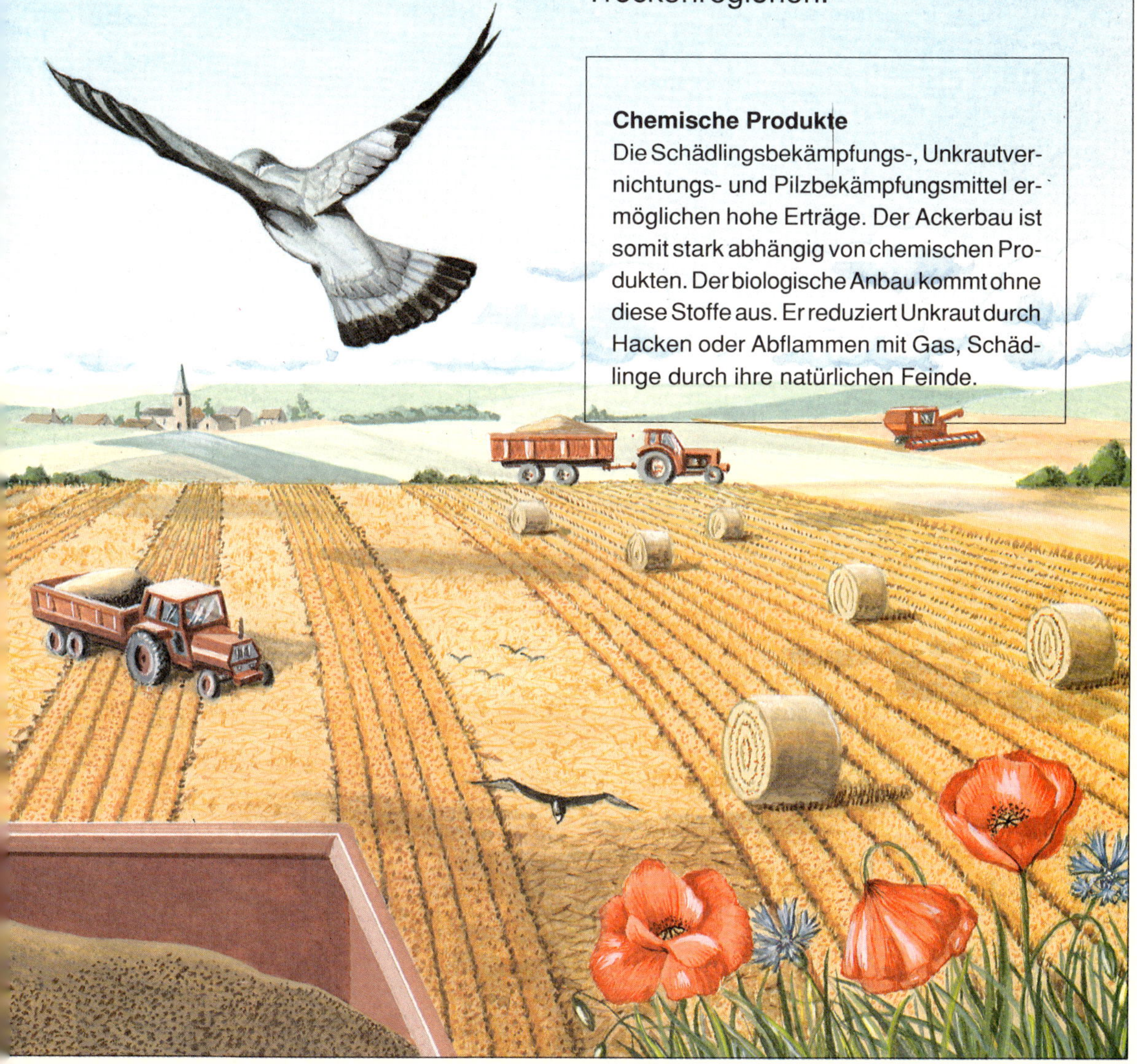

Die Rohstoffreserven der Erde

Aus dem Abbau der Bodenschätze erhalten wir die Rohstoffe, die wir brauchen, um Städte zu bauen, Maschinen herzustellen oder zu heizen. Die fossilen Brennstoffe (Erdöl, Erdgas oder Kohle) haben sich im Lauf der Erdgeschichte gebildet. Aber die vorhandenen Reserven sind begrenzt. Die derzeit verwendeten fossilen Energiequellen werden in ein paar Generationen erschöpft sein, vor allem, weil der Verbrauch immer weiter steigt.

Eine Frage der Zeit
Fleisch, Milch, Getreide oder Obst zählen zu den erneuerbaren Verbrauchsgütern: Sie können wieder neu produziert werden. Im Gegensatz dazu sind die fossilen Brennstoffe, die wir aus der Erdkruste zutage fördern, nicht erneuerbar. Ihre Entstehung dauerte nämlich mehrere Millionen Jahre.

Energiesparmaßnahmen
bremsen das Tempo, mit dem die fossilen Energieträger aufgebraucht werden, und vermindern die Luftverschmutzung. Eine gute Isolierung kann bis 90 % der Heizkosten sparen! In Deutschland entfällt knapp ein Viertel des Energieverbrauchs auf den Verkehr. Treibstoffsparen ist daher dringend nötig.

***Die Sonnenenergie** ist unerschöpflich. Sie kann zur Stromerzeugung genutzt werden. Moderne Solaranlagen wandeln mit Hilfe von Solarzellen mit dünner Siliziumschicht die Sonnenstrahlung in elektrischen Strom um. Sonnenkollektoren erwärmen mit Hilfe der Sonne Wasser.*

***Die Windenergie** wird ebenfalls für die Stromerzeugung genutzt, Windkraftwerke sind aber nur für kleine Ortschaften eine Lösung. Sie bieten sich dort an, wo häufig Wind weht, also z.B. an der Küste oder auf den Bergen.*

ORGANISCHER ABFALL

In manchen Entwicklungsländern werden die Ausscheidungen von Tieren für die Herstellung von Biogas zur Energieproduktion verwendet. Zu diesem Zweck werden die Abfälle zerkleinert (1). Anschließend werden sie in einem großen Behälter (2) gelagert. Während einem mehrere Wochen dauernden Gärungsprozeß kommt es zur Gasbildung. Die Rückstände sind reich an Mineralstoffen und organischen Substanzen und können als Kompost in landwirtschaftlich genutzte Böden zur Anreicherung mit Nährstoffen eingearbeitet werden. Auch bei uns sollte im Haushalt organisches Material (Garten- und Küchenabfälle) gesammelt und kompostiert werden. Ein eigener Komposthaufen im Garten produziert ausgezeichneten Dünger und reduziert die Abfallmenge.

Die Erdölreserven gehen zu Ende

Erdöl ist eine Flüssigkeit, die aus pflanzlichem Meeresplankton entstanden ist. Als die winzigen Algen starben, sanken sie auf den Meeresgrund und häuften sich dort an. In bestimmten Fällen wurde diese Biomasse durch die Aktivität von Bakterien und Pilzen abgebaut und durch Druck und hohe Temperaturen im Erdinnern zu Erdöl umgewandelt.

Die Erdölmenge, die der Mensch weltweit pro Jahr verbraucht, ist etwa gleich groß wie die Erdölmenge, die in einer Million Jahren gebildet wurde. Bei dem derzeitigen Fördertempo werden die Erdölreserven gerade noch für ein paar Generationen reichen, bei steigendem Verbrauch sogar noch kürzer. Es ist daher unerläßlich, Energie zu sparen und neue Energiequellen zu erschließen.

Der Wasserverbrauch

Die Industrie in Deutschland verbraucht jährlich über 32 Milliarden Kubikmeter Wasser. Auch der Wasserverbrauch der Haushalte steigt unaufhaltsam. In einigen Gebieten Deutschlands ist das Wasser so verschmutzt, daß sauberes Trinkwasser mit langen Leitungen, z.B. aus den Alpen, herantransportiert werden muß oder mit aufwendigen technischen Maßnahmen gereinigt wird.

Ungleiche Verbrauchsmengen

In Europa liegt der Wasserverbrauch für Ernährung, Kochen, Hygiene und Geschirrspülen im Durchschnitt etwa bei 300 Liter pro Person und Tag. In manchen Ländern Afrikas sind nur 5 Liter Wasser pro Person und Tag verfügbar.

Die Wasservorräte in der Natur

In der Natur kommt Wasser in verschiedener Form vor: fest (als Eis), flüssig oder gasförmig. Das Wasser der Seen und Flüsse bildet weniger als 1 % der Süßwasserreserven unserer Erde. Der Rest besteht aus Gletschereis und Grundwasser. Der Wassergehalt der Atmosphäre ist sehr gering, aber lebenswichtig für die meisten Tiere und Pflanzen.

Wenn es regnet, versickert ein Teil des Wassers im Boden und gelangt in das Grundwasser.

Das Wasser fließt zwischen den Sandkörnern oder in Gesteinspalten ab. In Form von Quellen tritt es wieder zutage.

	Für die Erzeugung von 1 Liter Benzin aus Erdöl braucht man 10 Liter Wasser.
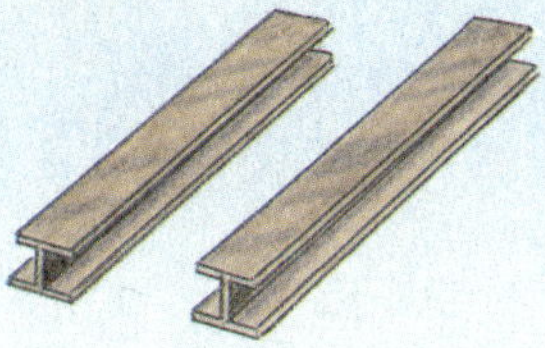	Für die Erzeugung von 1 Kilogramm Stahl verbraucht die Industrie 50 Liter Wasser.
	Für die Herstellung von 1 Kilogramm Papier werden 300 Liter Wasser benötigt.

Der Wasserbedarf der Tiere und Pflanzen
Die Tiere finden Zugang zu diesem für sie lebenswichtigen Element in Flüssen und Seen oder im Meer. Die Pflanzen holen es sich aus dem Boden: eine einzige Maispflanze verbraucht fast 100 Liter Wasser im Laufe ihres Lebens!

Das Grundwasser
Die unterirdischen Wasservorräte sind nicht direkt zugänglich. Man muß Brunnenschächte anlegen und das Wasser heraufpumpen. Das Grundwasser wird durch versickerndes Regenwasser wieder aufgefüllt. Wenn der Zufluß die Entnahmen nicht ausgleicht, fällt der Grundwasserstand.

Ein Teil des Wasser verdunstet und kehrt in die Atmosphäre zurück.

Große Kraftwerke werden meistens nahe an Wasserläufen oder am Meer errichtet, weil sie viel Kühlwasser brauchen.

Sauberes Wasser – ein kostbares Gut

Ohne Wasser läuft gar nichts – weder in der Landwirtschaft, noch in der Industrie, Energieversorgung, im Haushalt ... Trotzdem leiten viele Städte ihre Abwässer immer noch ungeklärt in die Flüsse.
Auch die Landwirtschaft ist an der Wasserverschmutzung mit schuld. Dünge- und Schädlingsbekämpfungsmittel sammeln sich in Bächen, Seen und im Grundwasser an. Wenn es mit der Wasserverschmutzung und -verschwendung so weitergeht, haben wir bald nicht mehr genug sauberes Trinkwasser.

Die Verschmutzung durch Nitrate

Die in den Düngemitteln enthaltenen Nitrate werden teilweise von den Anbaupflanzen aufgenommen. Der Rest wird vom Regenwasser weggespült oder gelangt über das Erdreich in das Grundwasser. In größeren Mengen sind Nitrate für den Menschen, besonders für Säuglinge, giftig. Ab 50 mg Nitrat pro Liter ist Wasser als Trinkwasser ungeeignet. Solche Konzentrationen sind in landwirtschaftlich intensiv genutzten Gebieten keine Seltenheit. Säuglinge werden hier mit sauberem Wasser aus Flaschen versorgt.

***Die Flüsse und die Seen** enthalten nur 1 % der Süßwasserreserven.*

Wenn Algen absterben, werden sie von Bakterien abgebaut, die dabei den im Wasser gelösten Sauerstoff aufbrauchen. Die Wassertiere ersticken dann.

Die Eutrophierung der Gewässer

Wenn Seen und Flüsse zu sehr mit Nährstoffen belastet sind und als Folge veralgen, spricht man von Eutrophierung. Schuld daran sind die in den Waschmitteln, Abwässern oder wiederum in den Düngemitteln enthaltenen Phosphate und Nitrate. Durch die Phosphate können sich die Algen so üppig vermehren, daß die übrigen Wasserpflanzen nicht mehr gedeihen können und alles Leben im Gewässer abstirbt.

Die Abwasserreinigung

Über 80% aller Deutschen sind an eine Kläranlage angeschlossen. Das Wasser durchfließt Absetzbecken, in denen sich die Schwebstoffe ablagern. Bakterien bauen dann die Schwebstoffe ab. Dabei werden 90% der biologisch abbaubaren Stoffe dem Wasser entzogen. Die Phosphate bleiben jedoch zum Großteil im Wasser.

Viele Städte der Welt *reinigen ihre Abwässer nicht, sondern leiten sie direkt in die Flüsse. Viele Meere, z.B. das Mittelmeer, werden dadurch stark verschmutzt.*

Die Nitrate *werden als Dünger auf den Äckern verteilt.*

Bestimmte Tierarten *vertragen verschmutztes, nährstoffreiches Wasser recht gut, obwohl es sauerstoffarm ist. Karpfen z.B. halten es dort besser aus als Forellen.*

Die Nitrate *verunreinigen ebenfalls das Grundwasser. Im Magen werden zu sie Giftstoffen umgewandelt. Möglicherweise sind sie an der Entstehung von Krebserkrankungen beteiligt.*

Die Meere sind krank

Lange Zeit glaubte der Mensch, die Meerestiefen seien eine ideale Müllkippe: unendlich groß und offenbar ohne Boden. Heute wissen wir, daß das, was man hineinwirft, vom Tiefsee-Ökosystem meist nicht abgebaut, sondern nur gelagert wird. Trotzdem wird weiter fleißig Industrie- und sonstiger Müll ins Meer gekippt. Die Folgen sind zunehmend sichtbar: Teer bedeckt die Strände und Klippen, Algenteppiche schwimmen vor den Küsten und die Tierwelt geht zugrunde.

Die Nordsee ist in Gefahr

Die Nordsee zählte früher zu den ertragreichsten Fischgründen. Als Folge hochgradiger Vermutzung gehen aber die Erträge zurück. Rhein und Elbe schwemmen giftige Metalle wie Blei und Kupfer in die Nordsee. Dazu kommen Abwässer und Müll aus den großen Küstenstädten der Anrainerstaaten (Frankreich, Belgien, Niederlande, Deutschland, Großbritannien).

Verschmutztes Mittelmeer

Für Binnenmeere wie das Mittelmeer ist die Wasserverschmutzung ein noch größeres Problem. Hier findet kaum ein Wasseraustausch mit den noch relativ sauberen großen Weltmeeren statt. Die Konzentration an Schadstoffen nimmt deshalb zu.

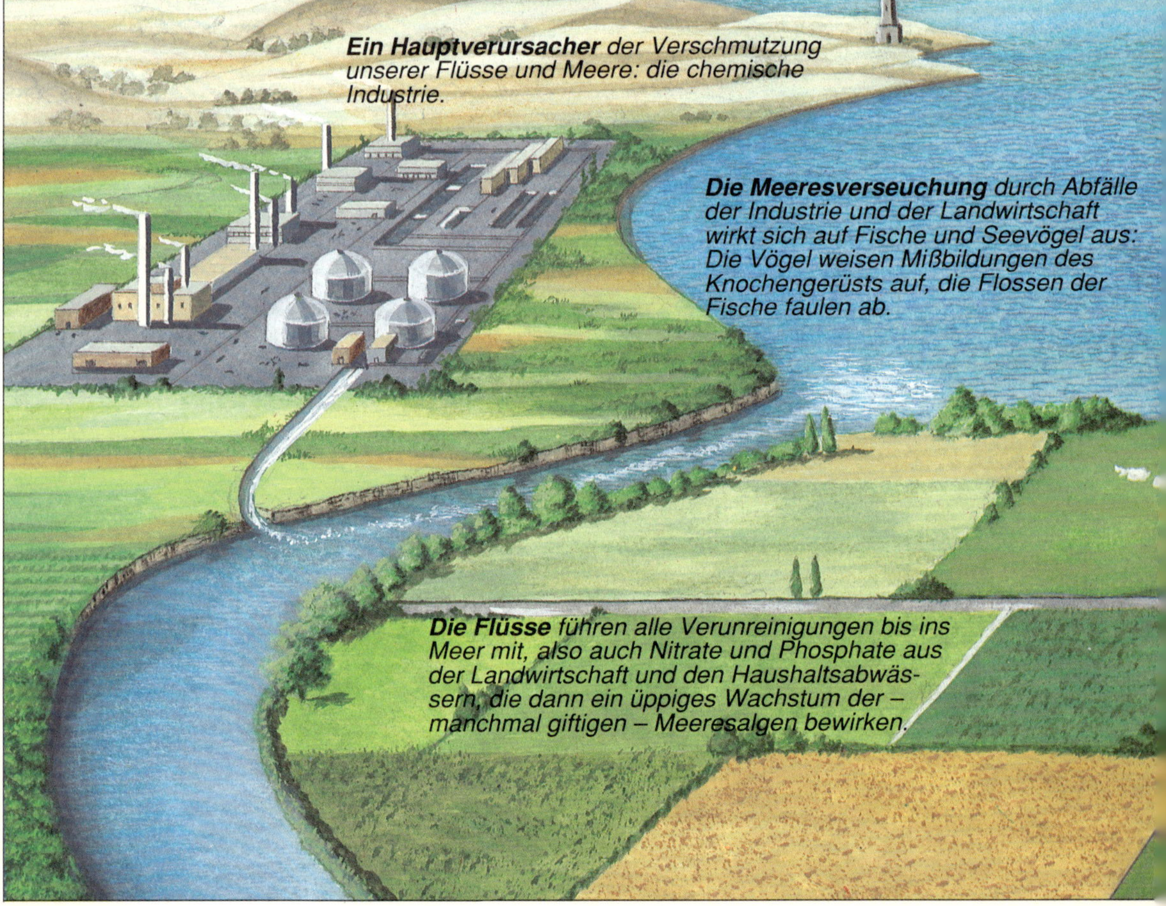

***Ein Hauptverursacher** der Verschmutzung unserer Flüsse und Meere: die chemische Industrie.*

***Die Meeresverseuchung** durch Abfälle der Industrie und der Landwirtschaft wirkt sich auf Fische und Seevögel aus: Die Vögel weisen Mißbildungen des Knochengerüsts auf, die Flossen der Fische faulen ab.*

***Die Flüsse** führen alle Verunreinigungen bis ins Meer mit, also auch Nitrate und Phosphate aus der Landwirtschaft und den Haushaltsabwässern, die dann ein üppiges Wachstum der – manchmal giftigen – Meeresalgen bewirken.*

Die Ölpest

Am 16. März 1978 kenterte der Tanker Amoco Cadiz vor der Küste der Bretagne. 230 000 Tonnen Erdöl flossen aus und verseuchten in wenigen Wochen fast 80 km Strand. Der Ölpest fielen fast 20 000 Seevögel, vor allem Lummen und Papageitaucher, zum Opfer. Außerdem lagern sich Ölreste auf Felsen und im Sand ab und schädigen die Kleintierfauna beträchtlich.

Ein Tanker *muß, wenn er seine Fracht gelöscht hat, den Innenraum der Tanks reinigen, d.h. die Rückstände und Gase daraus entfernen. Manche Schiffe spülen den Dreck einfach ins offene Meer.*

Die Bebauung der Küstenstreifen *sowie die Badestrände sind schuld am Verschwinden eines großen Teils der ursprünglichen Küstenfauna.*

Dem Bau von Yachthäfen *fielen die Ufervegetation und damit die Laichplätze der Fische zum Opfer.*

Die Abwasserreinigung *in Kläranlagen verringert die Wasserverschmutzung beträchtlich. Die meisten Staaten der Europäischen Gemeinschaft nehmen laufend neue Kläranlagen in Betrieb, doch trotzdem wird häufig noch ungeklärtes Abwasser ins Meer geleitet.*

Unvorhergesehene Vergiftungen

Die Umweltverschmutzung bedeutet nicht nur, daß ganze Landschaften verunstaltet oder üble Gerüche erzeugt werden. Einige vom Menschen hergestellte Stoffe sind gar nicht so leicht zu entsorgen. Manche davon durchlaufen ganze Nahrungsketten und verseuchen so die gesamte belebte Natur.

Der Abbau von Kunststoffen

Täglich verwenden wir Kunststoffe wie z.B. Joghurtbecher, Plastiktüten oder Folien. Sie werden aus Erdöl hergestellt. Nur wenige Mikroorganismen sind in der Lage, diese künstlichen Moleküle abzubauen und sich von ihnen zu ernähren. Daher verschwinden Kunststoffabfälle nur langsam, wenn sie weggeworfen werden, einige werden überhaupt nicht abgebaut.

1. Zum Schutz der Kulturen vor Schädlingen versprüht man Insektizide, von denen ein Teil in der Atmosphäre verbleibt. Meist verwendet man hierzu Traktoren, doch manchmal sogar Flugzeuge.

2. Ein geringer Teil der Insektizide wird vom Regen in die Bäche und schließlich ins Meer gespült.

Die Folgen von Tschernobyl
Radioaktive Substanzen können ganze Nahrungsketten verseuchen. Nach dem Reaktorbrand des Kernkraftwerks Tschernobyl (in der Ukraine) ist genau dies passiert. Eine Wolke radioaktiver Gase überquerte Europa, mit dem Regen fielen ihre Teilchen auf die Erde und verseuchten in mehreren Ländern erst die Pflanzen, dann die Tiere, die sie fraßen. In Lappland tötete man mehrere tausend Rentiere, die verstrahlte Flechten gefressen hatten.

6. Robben und Seevögel ernähren sich von diesen Fischen und bilden das letzte Glied der Kette. Hier ist die Giftkonzentration am höchsten.

Nicht allein die Insektizide, sondern auch andere Giftstoffe im Meerwasser sind am Robbensterben beteiligt. Sie verringern die Fruchtbarkeit und machen die Robben anfälliger für Krankheiten.

3. Im Meerwasser werden die Giftstoffe zwar verdünnt, aber mikroskopisch kleine Algen nehmen sie aus dem Wasser auf.

5. Die Fische, die sich von diesen Krebsen ernähren, bekommen die Gifte in noch höherer Dosierung ab. Sie können die Robben verseuchen, von denen sie gefressen werden.

4. Winzige Krebse fressen diese Algen und damit auch die Giftstoffe.

Seit über hundert Jahren belasten die Abgase der Industrie, der Heizungen und des Verkehrs die Atmosphäre. Lange schon ist in den Städten die Luft verschmutzt, und heute sogar in den entlegensten Winkeln der Erde: im Polareis findet man Schwefel, Blei und Quecksilber aus mehreren tausend Kilometer entfernten Fabrikschloten.

Die Hauptursachen der Luftverschmutzung
Bei der Verbrennung von Erdöl und Kohle entweichen Staubteilchen und schädliche Gase. Manche dieser Gase, wie z.B. die Schwefeloxide, verursachen den “sauren Regen”. Über 100 Millionen Tonnen davon werden jährlich an die Atmosphäre abgegeben. Dazu kommen alljährlich 25 Milliarden Tonnen Kohlendioxid, das zur Erwärmung des Klimas beiträgt.
Die hohe Konzentration von Schadstoffen in der Luft löst in Großstädten häufig Erkrankungen der Atemwege aus.

***Die Luft in den Großstädten** ist oft so stark verschmutzt, daß man die umliegende Landschaft kaum noch erkennen kann. In Mexico City kann man an manchen Tagen die Berge rundum nicht mehr sehen.*

Die chemische Industrie

gibt zahlreiche gasförmige Schadstoffe an die Luft ab. Große Mengen von Kohlendioxid heizen die Atmosphäre auf, was das Eis der Gletscher beschleunigt abschmelzen läßt. Es dauert zwar, bis die alten Industrieanlagen durch neue, nicht so stark umweltbelastende ersetzt sind. Strengere Gesetze sollen den Schadstoffausstoß reduzieren helfen.

Die Wärmekraftwerke

Ein Wärmekraftwerk wandelt die Verbrennungswärme von Kohle oder Schweröl in Strom um. Dabei fallen gasförmige Schadstoffe an und entweichen in die Atmosphäre. Auch hier in Deutschland setzen Gesetze die zulässigen Höchstwerte für den Ausstoß von Schadstoffen fest.

Der Kraftverkehr

Die Kraftfahrzeuge erzeugen Abgase: Kohlen-, Stick- und Schwefeloxide. Häufig entstehen durch Umwandlungen in der Atmosphäre daraus noch giftigere Stoffe. Durch bleifreies Benzin konnte die Belastung mit diesem giftigen Schwermetall deutlich reduziert werden, durch Katalysatoren die Menge der giftigen Abgase.

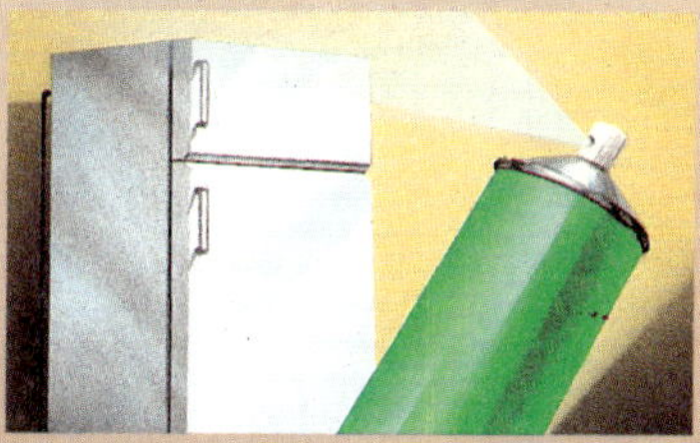

Kühlschränke und Spraydosen

Die dafür benötigten Fluorchlorkohlenwasserstoffe (FCKWs) entweichen in die Atmosphäre und zerstören die Ozonschicht, die uns vor der ultravioletten Strahlung der Sonne schützt. Die meisten Industriestaaten haben sich für eine Drosselung der FCKW-Produktion entschieden. Als Treibgas für Spraydosen werden bereits andere Gase verwendet.

Die Kernkraftwerke

arbeiten nicht ohne Risiko. Spätestens seit dem Reaktorbrand von Tschernobyl, der die Freisetzung von Radioaktivität zur Folge hatte, ist erwiesen, daß Unfälle passieren können. Der Bau und Betrieb von Kernkraftwerken unterliegt strengen Sicherheitsvorschriften. Ein Endlager für radioaktive Abfälle aus Kernkraftwerken fehlt bisher in Deutschland.

Abgefahrene Autoreifen

werden oft ohne Schutzvorkehrungen im Freien verbrannt. Dabei entsteht ein schwarzer Rauch, der für Menschen, Tiere und Pflanzen gefährliche Folgen hat. Eine sinnvolle Alternative ist hier die Wiederverwendung runderneuerter Reifen in größerer Zahl als bisher. Dann müssen weniger Reifen produziert und entsorgt werden.

Die Müllberge der Industriegesellschaft

Jeder Bundesbürger produziert ungefähr 1 kg Müll pro Tag. Leider nimmt dieser nicht nur Platz weg, stinkt und verschmutzt die Umwelt, er ist zum Teil auch noch hochgefährlich. Die Müllmengen steigen immer noch weiter. Ziel muß es sein, so wenig Abfall wie möglich zu produzieren und diesen der Wiederverwertung zuzuführen.

Giftmüll
Jahr für Jahr produziert die Industrie weltweit Millionen Tonnen Giftmüll, der nicht einfach vergraben oder weggeworfen werden darf, weil er Boden und Wasser vergiften könnte. Manche Länder schieben ihren Giftmüll an Nachbarländer oder an arme Staaten der Dritten Welt ab, aber das löst das Problem nicht! Giftmüll muß in aufwendigen Spezialverfahren entsorgt, das heißt unschädlich gemacht werden.

Abfälle aus Kernkraftwerken können mehrere zehntausend Jahre lang gefährlich bleiben. Solche Zeiträume sind für uns völlig unvorstellbar. Es wird untersucht, ob die Lagerung dieser Abfälle in ehemaligen Salzbergwerken oder in Granitschächten möglich ist.

***Plastikabfälle** kann man einschmelzen und wiederverwenden, beispielsweise für die Herstellung von Schläuchen oder Schuhabsätzen.*

***Kompostierte Küchenabfälle** ergeben einen wertvollen Dünger.*

Das Recycling von Karton senkt den Holzbedarf. In den Ländern wie Schweden und Finnland, die viel Zellulose für die Papierherstellung liefern, könnte dadurch Wald erhalten bleiben.

Holzabfälle können, wenn sie frei von giftigen Stoffen sind, verbrannt werden.

Auch Altpapier wird wiederverwertet, doch die Druckfarbe ist schwer zu entfernen. Das ist auch der Grund, warum Recycling-Papier dunkler ist als neues, meist gebleichtes Papier.

Aus organischen Abfällen wie abgeernteten Mais-, Kartoffel- und Gartenpflanzen kann durch Vergärung schadstoffarmes Biogas als Energiequelle gewonnen werden.

Bei der Autoverschrottung fallen große Mengen von Alteisen an. Die Wiederverwertung von Alteisen gehört zu den bestorganisierten Recycling-Verfahren in den Industrieländern.

Altglas kann in Deutschland überall wiederverwendet werden. An den Sammelstellen sind hierfür meist Container für weißes, grünes und braunes Glas aufgestellt.

Wohin mit dem Hausmüll?

Jahrhundertelang hat man den Hausmüll auf Müllhalden verrotten lassen oder in die Flüsse geworfen. Die heutigen Müllmengen kann aber die Natur allein nicht verkraften. Die einzige Lösung dieses Problems auf lange Sicht ist das Bemühen, so wenig Müll wie möglich zu produzieren. Statt Getränkedose also lieber Mehrwegflasche, statt der Plastiktüte lieber die mehrfach verwendbare Stoff- oder Jutetasche nehmen.

Das Sterben der Wälder

Die riesigen Tropenwälder in Südamerika, Afrika und Asien werden derzeit so rasch abgeholzt, daß sie voraussichtlich im nächsten Jahrhundert verschwunden sein werden. Aber noch kann diese Entwicklung gestoppt werden. Allerdings müßten dann die Holzentnahmen zunächst radikal reduziert und mit der Zeit an die Regenerationsfähigkeit des Waldes angepaßt werden.

Die Warnungen nützten nichts
Schon in den frühen 80er Jahren wiesen wissenschaftliche Untersuchungen auf die dramatischen Folgen der Abholzung hin. Trotzdem wird pro Jahr eine Waldfläche von der Größe der Bundesrepublik Deutschland (ohne die fünf neuen Bundesländer) zerstört. Jeden Tag geht damit die doppelte Fläche des Stadtgebiets von München an Regenwald für immer verloren.

Die Schutzfunktion des Waldes
Wenn es regnet, nehmen die Humusschicht des Waldbodens und die Moose das Wasser wie Schwämme auf. Das Wasser wird dann von den Pflanzen aufgenommen. Die Abholzung ist schuld an Überschwemmungen, denn auf den gerodeten Flächen läuft das Regenwasser schnell ab und schwemmt das Erdreich mit fort. Schlammbäche können ganze Siedlungen begraben.

Die Waldbrände
Jedes Jahr fallen große Waldbestände in zahlreichen Ländern Waldbränden zum Opfer. Durch Brandrodung macht man aus den Wäldern Weide- oder Ackerland. Die paar Bäume, die dabei stehen bleiben, werden als Brennholz zum Kochen oder Heizen verwendet.

Der Handel mit Tropenhölzern *für die Möbelherstellung und die Bauindustrie ist ein Hauptgrund für den Rückgang der Waldbestände. Die Nachfrage nach Tropenhölzern hat sich in den letzten 30 Jahren praktisch verdreifacht. Fenster, Klobrillen usw. müssen aber nicht aus Tropenhölzern sein.*

Weniger Wald, aber mehr Wüste

Unkontrollierte Abholzung zieht eine Verschlechterung der Böden nach sich. In den Entwicklungsländern hat eine solche Bodenverschlechterung manchmal verheerende Folgen. Mit der Entwaldung geht nämlich eine Ausdehnung der Wüsten – wie z.B. der Sahara in Nordafrika – und damit die Hungersnot Hand in Hand.

Auch Industriestaaten *betreiben Raubbau: z.B. an den skandinavischen Nadelwäldern, um die Papierindustrie zu beliefern.*

Waldschäden durch sauren Regen

Bestimmte Industrieabgase reagieren mit dem Wasser in der Luft, so daß aus den Wolken nicht mehr reines Wasser, sondern ein Gemisch aus Wasser und Schwefelsäure herabregnet. Der Regen kann so sauer wie Zitronensaft werden. Dieser saure Regen und gasförmige Schadstoffe sind mit schuld am Waldsterben, von dem besonders hochindustrialisierte Regionen betroffen sind: die Bäume werden krank, sie verlieren die Blätter oder Nadeln der obersten Äste. Die übrigen verfärben sich gelb, und die jüngeren Bäume stellen ihr Wachstum ein und verkümmern. In manchen Gebieten Mitteleuropas (z.B. im Fichtel- und Erzgebirge) stirbt der Wald völlig ab.

Die Ausbreitung der Wüsten

Savanne, Ackerland oder Wald mit einer Gesamtfläche von der Größe Deutschlands wird in 6 Jahren zu Wüste. Man nennt diese Entwicklung Desertifikation. Etwa 60 Staaten in aller Welt sind davon betroffen. Die vielen Millionen Menschen, die von der Landwirtschaft in Wüstenrandgebieten leben, sind von der Desertifikation unmittelbar bedroht.

Vielfältige Ursachen

Manches deutet darauf hin, daß in vielen Gebieten unserer Erde das Klima trockener wird. Der Mensch hat die Folgen der Trockenheit noch verschlimmert. Seine Viehherden weiden die gesamte Vegetation ab und lassen nur die nackte Erde übrig. Paradoxerweise breitet sich die Wüste fleckenweise aus, und zwar ausgehend von den Wasserstellen, an denen die Tiere sich sammeln.

Die Zerstörung der Wälder ist ebenfalls für die fortschreitende Wüstenbildung verantwortlich. Gerade in armen Ländern ist Brennholz die wichtigste Energiequelle, auf die viele Familien angewiesen sind.

Hunger am Rande der Wüste

Es muß befürchtet werden, daß sich die Wüstenfläche auf das Dreieinhalbfache ihrer jetzigen Größe ausdehnt. Besonders betroffen sind hiervon z.B. die Menschen in der Sahelzone am Rande der Sahara. Immer wieder kommt es hier zu schweren Hungersnöten!

Nicht mehr bestellter, vegetationsloser Boden verdichtet sich und bildet eine Lehmkruste, auf der nichts mehr wachsen kann.

Der Aralsee: eine ökologische Katastrophe

Der Aralsee, ein Binnenmeer in der GUS (ehem. Sowjetunion) ist heute ausgetrocknet, weil man für Bewässerungszwecke seine beiden Zuflüsse umgeleitet hat. In einem Zeitraum von 25 Jahren sank der Wasserspiegel um 14 m, die Wasserfläche schrumpfte auf die Hälfte. Der Salzgehalt stieg, was für die meisten Fische den Tod und für den Fischfang das Ende bedeutete. Auf einer Fläche von der Größe Belgiens ist heute nur noch Wüste, wo früher Wasser und artenreiche Ufersümpfe waren.

Was kann man dagegen tun?
Eine der Ursachen für die Ausbreitung der Wüsten ist die Überweidung: zu viele Tiere für die spärliche Vegetation. Aber wie soll man eine Reduzierung der Herden in Gebieten mit periodischer Hungersnot vertreten? Andererseits müßte die Waldnutzung auf die Regenerationsfähigkeit abgestimmt sein. In manchen Trockengebieten forstet man massiv wieder auf. Aber das ist nur dort möglich, wo der Boden noch nicht ganz erschöpft ist.

Die Sahara: eine junge Wüste
Die Sahara war nicht seit jeher eine Wüste! Vor 9 000 Jahren lebten dort Menschen an den Ufern großer Seen, die auch Elefanten und Büffeln als Tränke dienten. Felsbilder aus dieser Zeit stellen die Haustiere und die damalige Tierwelt der Gegend dar.

Der Mensch und das Klima

Das Klima an einem Ort ist weitgehend konstant, dagegen ändern sich die Witterungsverhältnisse im Jahresverlauf und von Jahr zu Jahr. Weltweit betrachtet, wechseln sich Abkühlung und Erwärmung im Erdklima ab. Die menschlichen Eingriffe in die Natur sind schuld an einer beschleunigten Erwärmung der Erdatmosphäre, die für die Menschheit dramatische Folgen haben kann.

Eiszeit und Meeresspiegel in Westeuropa

Vor 18 000 Jahren, also während der letzten Eiszeit, lag die Lufttemperatur im Jahresmittel nur 5 °C tiefer als heute. Damals bedeckten aber riesige Gletscher den Norden Europas und die Alpen. Der Meeresspiegel lag 100 Meter tiefer als heute, daher sah die Küstenlinie völlig anders aus. Den Ärmelkanal z.B. gab es noch gar nicht: die Menschen konnten zu Fuß zwischen Frankreich und England verkehren.

Die Erwärmung durch Abgase

Wir Menschen belasten die Atmosphäre mit verschiedenen Gasen, die den Wärmeaustausch zwischen der Erde und der Sonne verändern. Dazu zählt das Kohlendioxid, das aus Fabrikschloten und Heizanlagen sowie bei Waldbränden in großen Mengen entweicht. In 50 Jahren könnte das ein Ansteigen der Temperatur um 2 bis 4 °C zur Folge haben.

Die Folgen steigender Temperatur

Die Folgen einer Erwärmung sind im einzelnen schwer vorhersehbar. Wahrscheinlich wird sich aber das Klima in vielen Regionen verändern. Im Mittelmeerraum würden die Trokkenzonen zunehmen. Wenn die Luft sich weiter erwärmt, könnte das Polareis teilweise abschmelzen. Dadurch würde der Meeresspiegel steigen, für tiefer gelegene Gebiete bestünde Überschwemmungsgefahr.

Der Treibhauseffekt

Die kurzwellige Sonnenstrahlung erwärmt die Erde. Zum Teil wird sie in Form von Langwellen in den Weltraum zurückgestrahlt. Kohlendioxid und weitere Gase verhindern, wie das Glasdach eines Gewächshauses (daher der Name "Treibhauseffekt"), die Abstrahlung. Die Erde erwärmt sich dann.

Lange bevor der Mensch auf der Erde lebte, blockierten die bei Vulkanausbrüchen und Waldbränden freigesetzten Gase und Staubpartikel in der unteren Atmosphäre die langwellige Abstrahlung der Erde. Die Temperatur auf der Erde lag im Jahresmittel bei etwa 18 °C.

Die Industrialisierung hat diesen natürlichen Zyklus beschleunigt. Fabriken, Heizungen, Autos und die Zerstörung der Wälder erhöhen die Konzentration von Gasen wie dem Kohlendioxid, die die langwellige Infrarotstrahlung aufhalten. So fängt der Prozeß, den wir "Treibhauseffekt" nennen, an.

Immer mehr Kohlendioxid entweicht in die Atmosphäre. Nur ein Teil davon wird durch die Weltmeere aufgehalten. Möglicherweise führt die Erderwärmung auch zu stärkerer Verdunstung und damit zu mehr Regen in bestimmten Gebieten.

Wenn die Kohlendioxidmengen weiter so zunehmen wie bisher, könnte es im Jahre 2030 bereits um 1,5 bis 4,5 °C wärmer sein. Das ist auf den ersten Blick nicht viel, genügt aber aufgrund der komplexen Folgen, um bisher ausreichend feuchte Gebiete in unfruchtbare Trockenzonen zu verwandeln.

Man könnte meinen, daß unser Planet im Zeitalter der Satelliten und Elektronenmikroskope vollständig erforscht sei und es nichts mehr zu entdecken gäbe. Doch es gibt noch beinahe völlig unerforschte Lebensräume, und von den Tier- und Pflanzenarten unseres Planeten kennen wir derzeit nur einen Bruchteil.

Oasen des Lebens auf dem Meeresgrund

Am Meeresboden, in mehreren tausend Metern Tiefe, gibt es richtige Oasen des Lebens in einer sonst fast unbelebten Umgebung. Artenreiche Tiergesellschaften haben sich rund um schwefelhaltige Quellen vulkanischen Ursprungs entwikkelt. Bakterien, die an diesen sehr heißen Quellen (ca. 350 °C) leben können, bilden das erste Glied einer noch kaum bekannten Nahrungskette.

Die Erfassung der bekannten Arten

Bisher sind etwa eineinhalb Millionen Tier- und Pflanzenarten bekannt, aber wahrscheinlich gibt es noch viel mehr. Die meisten noch unerforschten Arten sind winzige Insekten, Würmer oder Pilze der Tropenwälder. Alljährlich werden aber auch neue Vogelarten oder sogar Säugetiere entdeckt. Der Gold-Halbmaki z.B. ist ein kleines Säugetier, das erst 1985 auf Madagaskar beschrieben wurde.

***Dieser "Schwarze Raucher"** beherbergt große Bartwürmer, die in selbsterzeugten Kalkröhren leben.*

***"Weiße Raucher"**, die dicht mit Bartwürmern besetzt sind.*

***Diese weißen Muscheln** enthalten sehr stark durchblutetes Muschelgewebe.*

Die Algen der Antarktis
In der Antarktis kommen winzig kleine, primitive Algen vor. Sie leben im 0 °C kalten Wasser unter einer dicken Eisschicht oder aber in Spalten und in Höhlungen der Gesteine. Die Forschungsarbeiten über diese Algen werden uns vielleicht weitere Informationen über die Entstehung des Lebens auf der Erde liefern.

Die Kronenschicht, eine kaum erforschte Welt
Mehr als die Hälfte aller Tier- und Pflanzenarten leben in den Tropenwäldern. Bis zu 43 verschiedene Ameisenarten tummeln sich dort auf einem Baum! Um die Kronenschicht dieser Wälder besser erforschen zu können, haben Biologen ein "Wipfelfloß" entwickelt – ein aufblasbares Gummifloß, von dem aus sie das Verhalten zahlreicher bisher unzugänglicher Arten beobachten können.

***Solche Schlote** sehen wie Termitenbauten aus und zeugen von vulkanischer Tätigkeit. Sie können bis zu 5 m hoch und die Austrittsstelle überhitzter Dämpfe (über 300°C) sein.*

***Die Kalkröhren**, in denen die Bartwürmer leben, bilden strauchartig aussehende Kolonien.*

***Die Familie der Gebärfische**, zu der diese Fische gehören, hat als besonders Merkmal die langgestreckte Form und unpaarige Flossen.*

***Diese Krabbe** ernährt sich von Bartwürmern.*

Chancen und Risiken der Gentechnik

Der Mensch ist heute in der Lage, in bisher unerreichtem Ausmaß das Erbgut von Tieren und Pflanzen zu verändern. So kann man bestimmte Eigenschaften (wie z.B. die Resistenz gegen Krankheiten) von einer Art auf die andere übertragen und so neue Arten "erzeugen", die völlig neue Merkmale aufweisen.

Riesige Tiere
Genmanipulation im Labor, das heißt die Einpflanzung eines menschlichen Wachstumsgens, ließ Riesenmäuse entstehen. Man versucht auch, Riesenforellen zu erzeugen. Nun wird versucht auch bei Rindern, das Wachstum durch Genmanipulation zu beschleunigen.

Bakterien im Dienst der Medizin
Es ist gelungen, Bakterien ein menschliches Gen einzupflanzen, das für die Produktion des Wachstumshormons zuständig ist. Mit solchen veränderten Bakterien behandelt man bestimmte Wachstumsstörungen bei Kindern. Diese Methode wird auch bei Schafen angewendet, deren Milch dann reichlich wachstumsfördernde Substanzen enthält.

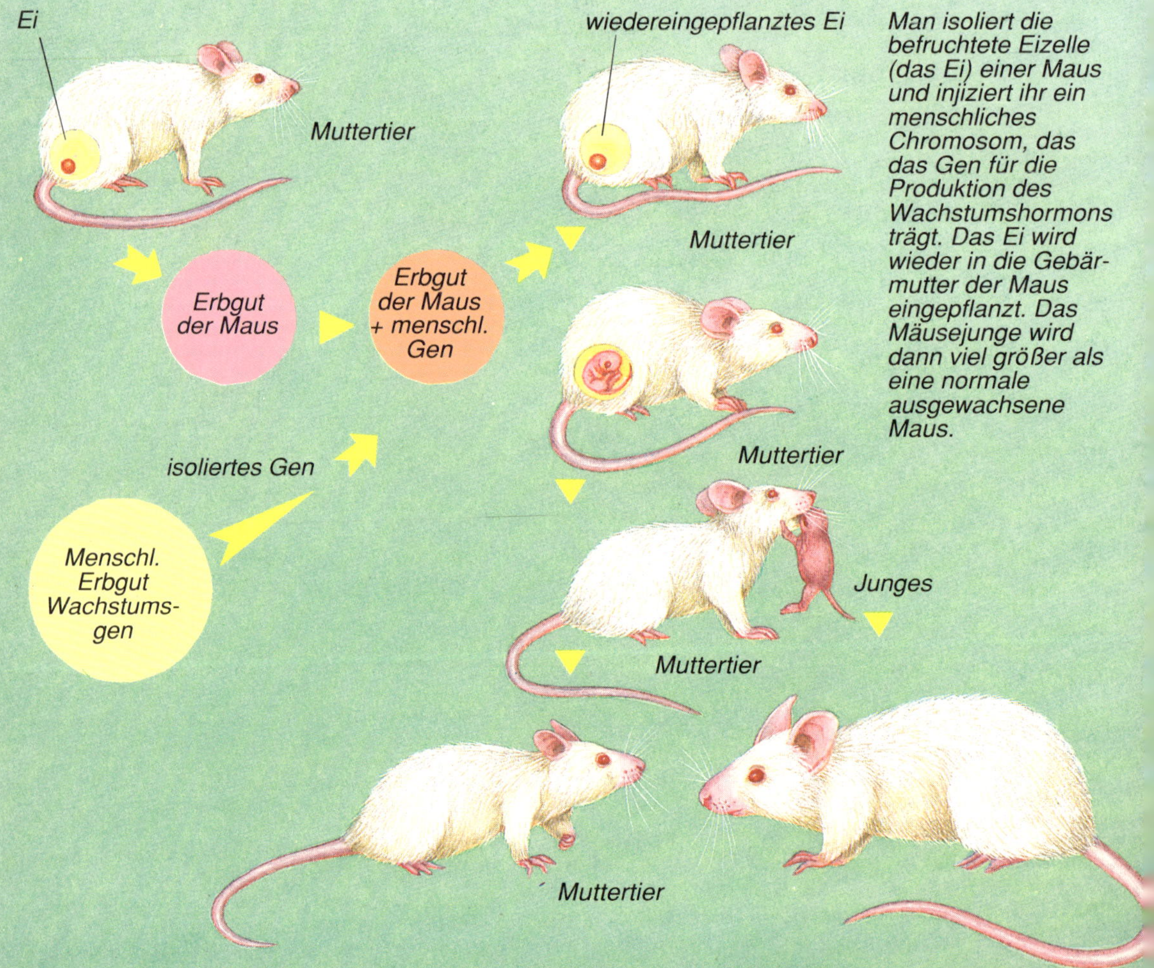

Man isoliert die befruchtete Eizelle (das Ei) einer Maus und injiziert ihr ein menschliches Chromosom, das das Gen für die Produktion des Wachstumshormons trägt. Das Ei wird wieder in die Gebärmutter der Maus eingepflanzt. Das Mäusejunge wird dann viel größer als eine normale ausgewachsene Maus.

Resistente Tabakpflanzen
In den Tabakplantagen richten Blattläuse, die die Pflanzen kahlfressen, beträchtlichen Schaden an. Daher hat man versucht, Tabakpflanzen zu züchten, die ein für Blattläuse tödliches Gift erzeugen. Für diesen Zweck verwendete man einen Bakterienstamm, der auf natürlichem Wege einen für Blattläuse giftigen Stoff produziert. Das für die Produktion des Giftstoffs zuständige Gen wurde isoliert und in die Tabakpflanzen eingesetzt.

So sieht eine von Blattläusen abgefressene Tabakpflanze aus.

Dieser Tabakpflanze mit dem eingesetzten Gen, das für die Produktion des Toxins zuständig ist, konnten die Blattläuse nichts anhaben.

Bessere Getreidesorten?
Manche Pflanzen, wie z.B. die Luzerne, können den Stickstoff aus der Luft statt des im Boden vorhandenen Stickstoffs verwerten. Sie brauchen daher keinen Stickstoffdünger und reichern sogar den Boden an. Die Wissenschaftler versuchen derzeit, diese besondere Eigenschaft durch Gentransfer auf Getreidearten zu übertragen, die Stickstoffdünger brauchen. Wenn es gelänge, könnte man ohne zusätzliche Düngemittel bessere Ernten erzielen.

Die Risiken der Gentechnik
Alle Experimente, die das Erbgut von Tieren und Pflanzen verändern, können, wenn sie außer Kontrolle geraten, unvorhersehbare Folgen nach sich ziehen. Daher müssen sie unter strengen Kontrollen durchgeführt werden. Trotzdem bleibt ein Risiko bestehen. Die Genmanipulation im Labor wirft auch die Frage auf, ob der Mensch überhaupt das Recht hat, die Natur so schwerwiegend zu verändern.

Bedrohte und ausgestorbene Arten

Seit vielen Millionen Jahren verschwinden Tier- und Pflanzenarten und neue treten auf. Man schätzt, daß derzeit alljährlich mehr als 5 000 Arten wegen der menschlichen Eingriffe in die Natur aussterben. Das ist etwa 10 000mal schneller als vor dem Auftreten des Menschen.

Die Zerstörung der Wälder

Die Reduzierung des verfügbaren Lebensraums kann den Rückgang und das Aussterben vieler Arten zur Folge haben. Ein Teil des Artenreichtums der brasilianischen Tropenwälder ist so bereits zugrunde gegangen. Selbst wenn sich der Urwald dort vollständig regenerieren könnte, wäre seine Artenvielfalt geringer als vor den menschlichen Eingriffen.

Warum Tiere aussterben

Manche Tierarten sind so lange gejagt worden, bis sie ausgerottet waren. Die Zerstörung ihres natürlichen Lebensraums vollendete das Werk der Jäger. Denn wenn der Lebensraum einer Tierart vernichtet wird, kann sie nicht überleben.

***Die Dinosaurier** sind ausgestorben, ohne daß der Mensch etwas dafür konnte, aber genau weiß man bis heute nicht, was wirklich der Grund dafür war.*

***Die Dronte** auf der Insel Mauritius starb knapp 200 Jahre nach ihrer Entdeckung durch die ersten europäischen Siedler aus. Es heißt, daß ihr Fleisch köstlich geschmeckt habe. Da die Dronte nicht fliegen konnte, gab es kein Entrinnen.*

***Die letzten Riesenalke**, große Schwimmvögel des Nordatlantiks, sind 1844 ausgestorben. Die Fischer jagten sie, um ihr Fleisch zu essen oder als Köder zu verwenden.*

Der Untergang der Elefanten
Der afrikanische Elefant wäre wegen seiner Stoßzähne fast ausgerottet worden, denn sie bestehen aus Elfenbein, und dieses Material ist bei den Herstellern von Schmuck und Schnitzereien sehr gefragt. Heute ist der Elfenbeinhandel in fast allen Staaten der Welt verboten. Diese Maßnahme müßte theoretisch den Schutz der heute noch vorhandenen Elefantenherden gewährleisten.

Der sizilianische Zwergelefant *ist während der Römerzeit ausgestorben. Er hatte die Größe eines Hundes.*

Von der ***Neukaledonischen Palme*** *gab es nur noch wenige Exemplare. Die Art kann überleben, wenn man genügend Samen und Setzlinge zur Nachzucht verfügbar hat.*

Der Große Panda *oder Bambusbär ist durch die Zerstörung der Bambuswälder bedroht – seine einzige Nahrung sind Bambussprossen!*

Das Breitmaulnashorn *ist – wie der afrikanische Elefant – vom Aussterben bedroht. Gejagt wird es wegen seines Horns, aus dem sogenannte Zauberpulver hergestellt werden.*

Zugewanderte Tier- und Pflanzenarten

Nur wenige Tierarten können – wie der Mensch – in Polargebieten ebenso gut wie im tropischen Urwald überleben. Wir Menschen haben fast alle Klimazonen der Erde besiedelt, aber begleitet haben uns dabei nur die Ratten und die Fliegen!
Einige Arten sind als “blinde Passagiere” mitgereist und haben sich in neuen Lebensräumen angesiedelt. Andere wurden absichtlich aus ihrer Heimat importiert, weil sie für die Land- oder Volkswirtschaft von Nutzen waren. Die Verpflanzung einer neuen Art in ein bestehendes Ökosystem kann jedoch ökologisch verheerende Folgen haben.

Eine Katastrophenserie

Ende des 19. Jahrhunderts brachten Züchter zwölf Kaninchenpaare nach Australien. Einige davon brachen aus den Gehegen aus und vermehrten sich in ein paar Jahren so schnell, daß sie die gesamte Umgebung kahlfraßen. Die nackten Böden begannen durch die Erosion zu verschwinden und die Känguruhs, die nur Pflanzen fressen, fanden keine Nahrung mehr. Damit die Kaninchen sicht nicht weiter vermehrten, importierte man Füchse. Doch die fielen über die Känguruhs her und rotteten einige Arten aus.

Die Vielfalt der Transportmittel

Mit importierten Tropenhölzern kamen einige Arten nach Europa. So kam es zum Beispiel dazu, daß immer wieder Termiten Dachstühle befallen, obwohl sie eigentlich im kühlen Europa gar nicht leben können. Die Pflanzen reisen besonders unauffällig in Form von Samen. Die Brennesseln und Wegericharten sind wahrscheinlich auf diese Weise nach Amerika gekommen – in Erdklümpchen, die an den Schuhsohlen der ersten Auswanderer klebten.

Wollhandkrabben aus China *kamen in den Wassertanks der Schiffe bis nach Europa. Sie graben Löcher in die Uferböschungen der Flüsse und bringen sie so ins Rutschen.*

Der Katzenwels *ist aus Nordamerika nach Europa gekommen. Er frißt die Brut anderer Fischarten.*

Zahlreiche Neuankömmlinge aus der ganzen Welt haben sich an den Wasserläufen Europas breitgemacht. Da sie keine natürlichen Feinde haben, vermehren sie sich unbehindert und können zu einer echten Plage werden. Aus Südamerika nach Europa importierte Nutrias sind aus den Zuchtfarmen entkommen und haben zahlreiche Wasserläufe besiedelt. Sie unterhöhlen die Böschungen und bringen sie so zum Einsturz.

***Die Nutria** ist größer als die Bisamratte und hat einen runden Schwanz. Sie wurde wegen ihres wertvollen Felles importiert.*

***Die Bisamratten** wurde erst in diesem Jahrhundert wegen ihres Fells aus Nordamerika nach Europa importiert. Heute richten sie in Uferböschungen noch mehr Schaden an als die Nutrias.*

Nutzen oder Schaden

Die ursprünglich in Kleinasien beheimatete Roßkastanie gedeiht im gemäßigten Klima Europas problemlos. Das europäische Tüpfel-Johanniskraut hingegen, das nach North Carolina (USA) gebracht wurde, hat sich über viele tausend Hektar Land verbreitet. Wenn die Pflanze blüht, frißt das Vieh davon und vergiftet sich. Man mußte zwei Käferarten zu Hilfe holen, deren Larven die Blätter fressen und die Pflanzen zum Absterben bringen.

Johanniskraut

Eintönigkeit statt Artenvielfalt

Das Verschwinden zahlreicher Tier- und Pflanzenarten bedeutet das Ende für die Vielfalt der natürlichen Vegetation und Tierwelt. Monotone Bestände sind dann anfällig für Veränderungen der Umwelt. Dazu kommt, daß viele Arten ja noch unbekannt oder noch nicht ausreichend erforscht sind. Durch das Aussterben von Tieren und Pflanzen können für die Gesundheit und Ernährung des Menschen wichtige Eigenschaften für immer verloren gehen.

Arten, die der Mensch braucht

Die Ernährung des Menschen stützt sich im wesentlichen auf etwa zwanzig Pflanzenarten, wie Weizen oder Reis. Es gibt aber etliche zehntausend eßbare Pflanzenarten! Wieder andere könnten mit Kulturpflanzen gekreuzt werden, um deren Eigenschaften zu verbessern. Zum Beispiel konnte man mit Hilfe einer wildwachsenden Erdnußsorte die Kulturerdnuß gegen eine Blattkrankheit resistenter machen.

Genbanken für Pflanzen

Um die pflanzlichen Ressourcen unserer Erde für die Zukunft zu bewahren, sind Genbanken eingerichtet worden. Dort sind die Samen von vielen hunderttausend Wildpflanzen in gefriergetrocknetem Zustand gelagert. Durch dieses Verfahren bleiben sie jahrzehntelang keimfähig. Wenn allerdings die Lebensräume der Pflanzen zerstört sind, nützt uns ihr Samen auch nicht mehr viel.

Die Gefahren der Monokultur

Fast überall ist die natürliche, aus vielen verschiedenen Pflanzenarten bestehende Vegetation durch einförmige Kulturen ersetzt worden, die nur eine einzige Art anbauen. Solche Monokulturen – dazu gehört ein Weizenfeld genauso wie eine Fichtenpflanzung – sind anfällig. Schädlinge können gewaltigen Schaden anrichten, da ihnen Kulturpflanzen beste Lebensbedingungen bieten. 1970 wurde in den USA eine bestimmte Maissorte von einem Pilz befallen, der ein Drittel der Ernte vernichtete.

In Deutschland wird vielerorts nur eine einzige Maissorte angebaut. Das kann dramatische Folgen haben, falls der Mais von einer ernsten Krankheit befallen wird.

Weniger Haustierarten

Auch von den Haustieren, zum Beispiel den Rindern, werden immer weniger Rassen gehalten. Im Falle von Tierseuchen könnten sich aber gerade die Rassen, die man nicht mehr züchtet, unentbehrlich erweisen. Daher werden heute auch wieder Rinder-, Schaf- und Ziegenrassen gezüchtet, die man bisher vernachlässigt hatte.

Pflanzen und Tiere im Dienst des Menschen

Die Erhaltung der Artenvielfalt von Tieren und Pflanzen dient auch der menschlichen Gesundheit. Aus einer Pflanze, dem Immergrün aus Madagaskar, wird ein Medikament für die Behandlung bestimmter Krebsarten gewonnen.

Es gibt auch zahlreiche natürliche Giftstoffe, deren Erforschung uns Aufschluß darüber gibt, wie der menschliche Organismus funktioniert: z.B. das Gift einer kolumbianischen Froschart und des Kugelfischs darüber, wie unser Nervensystem funktioniert.

In der Rinderzucht werden fast nur mehr die Rassen beibehalten, die entweder viel Milch geben oder hohen Fleischertrag bringen oder beides vereinen. Anspruchslose Rassen mit geringem Ertrag sind beinahe ausgestorben.

Ökologie – was ist das?

Die Ökologie ist die Wissenschaft von den Beziehungen der Organismen untereinander und zu ihrer Umwelt. Um die belebte Natur in ihrer Gesamtheit begreifen zu können, müssen viele Millionen Daten über das Klima, die Böden, das Wasser, die Pflanzen, die Tiere zusammengetragen und verarbeitet werden. Satelliten und U-Boote, aber auch enorm leistungsfähige Rechenzentren gehören zu den für das Verständnis des "Ökosystems Erde" unerläßlichen Hilfen. Deshalb konnte sich die Ökologie auch erst Ende des 20. Jahrhunderts entwickeln.

Ein Ökosystem – was ist das?
Ein Ökosystem ist ein Lebensraum mit all seinen Lebewesen. Die Erforschung eines Ökosystems beginnt mit einer Bestandsaufnahme seiner Tiere und Pflanzen. Dabei müssen die mikroskopisch kleinen Organismen ebenso erfaßt werden wie die größten, denn die gut sichtbaren sind nicht immer die wichtigsten.

Studium eines Ökosystems
Man findet heraus, wie Pflanzen wachsen und was Tiere fressen. Man untersucht die chemischen Besonderheiten des Bodens und des Wassers und ermittelt die klimatischen Bedingungen. Sobald man weiß, was in einem Lebensraum jetzt passiert, kann man versuchen, die Veränderungen im Falle menschlicher Eingriffe vorherzusagen.

***Die Biene** holt sich den Nektar aus den Blüten. Dabei trägt sie den Pollen von einer Blüte zur anderen und bestäubt so die Blüten.*

***Die Eule** ernährt sich von Nagetieren und trägt dazu bei, daß sie nicht allzu zahlreich werden.*

***Die Raupen** fressen die Blätter der Bäume. Viele Tiere, z.B. Vögel und verschiedene Wespen ernähren sich wiederum von den Raupen.*

***Marienkäfer** und ihre Larven sind ausgezeichnete Blattlausfresser. Für die biologische Schädlingsbekämpfung sind sie deshalb sehr wichtig.*

Ein Beispiel: Das Ökosystem Wald
Die Vögel und die Nagetiere ernähren sich von Samen. Die Nagetiere werden ihrerseits jedoch von Raubtieren (wie z.B. Eulen) gefressen, die so ihre Zahl in Grenzen halten. Da die Nagetiere die Samen oft transportieren und verlieren, tragen sie zur Ausbreitung der Bäume bei.

Das Eichhörnchen *trägt in verschiedenen Verstecken Samen und Nüsse für den Winter zusammen. Die Körner, die es vergißt, keimen im Frühjahr und wachsen zu Bäumen heran.*

Der Zunderschwamm *ist ein Pilz. Der Wind weht seine Sporen in die Rindenspalten von Bäumen, wo sie auskeimen. Der Pilz entwickelt sich dort weiter und schmarotzt auf seinem Wirt.*

Der Hirsch *stampft mit seinen Hufen die vom Baum gefallenen Samen in den Boden. Damit bringt er sie vor den Nagetieren in Sicherheit.*

Erde, Meer und Atmosphäre
Forscher verschiedener Fachrichtungen arbeiten zusammen. Dank ihrer Arbeit weiß man heute, daß die Lufthülle unserer Erde, die Meere, die Eiskappen der Polargebiete und alle Lebewesen voneinander abhängig sind. Für die Zusammensetzung der Atmosphäre zum Beispiel spielen so verschiedene Faktoren eine Rolle wie die Tätigkeit der Vulkane, die Temperatur der Meere, ja sogar die Atmung der Tiere und Pflanzen.

Naturschutz und Landschaftsschutz

Der erste Nationalpark wurde 1872 in den Vereinigten Staaten geschaffen. Heute gibt es weltweit fast 1500 Nationalparks. Aber ihre Gesamtfläche beträgt nur einen kleinen Bruchteil der Erdoberfläche.

Nationalparks und Reservate

Zahlreiche Staaten weisen Flächen (Nationalparks und Reservate) aus, deren Tiere und Pflanzen geschützt sind. Im allgemeinen sind der menschlichen Aktivität dort enge Grenzen gesetzt: das Bauen ist verboten oder an Sondergenehmigungen gebunden; meistens ist auch das Jagen, Angeln oder Blumenpflücken verboten. Die Besucher dürfen bestimmte Zonen, wo sie Wildtiere stören und die Flora beschädigen könnten, nicht betreten.

Geschützte Arten

Das Washingtoner Artenschutzabkommen sowie die Naturschutzgesetze der verschiedenen Staaten haben bedrohte Arten unter besonderen Schutz gestellt. Tiere dieser Arten dürfen weder getötet noch gefangen werden. Der Handel mit Produkten aus Tierkörpern (wie Elfenbein oder Fellen) ist strengstens verboten.

Naturschutzgebiete

In der Bundesrepublik Deutschland sind zahlreiche kleinflächige Lebensräume als Naturschutzgebiete ausgewiesen. Nationalparks und Naturschutzgebiete nehmen aber nur einen Flächenanteil von 1% der Gesamtfläche ein.

Der Bartgeier *ernährt sich von den Knochen, die Adler und Geier übriglassen. Einige Exemplare haben in den Pyrenäen und auf Korsika überlebt, sind aber wegen des spärlichen Nachwuchses vom Aussterben bedroht.*

Der Gänsegeier *ernährt sich im wesentlichen von toten Tieren und lebt vor allem im Gebirge, weil er die Stille liebt. Obwohl er zu den geschützten Tieren gehört, ist er in den Alpen ganz und in den Pyrenäen zum Teil ausgestorben. In jüngster Zeit hat man aber erfolgreich Gänsegeier im Cevennen-Nationalpark (Frankreich) ausgesetzt.*

Die europäische Ginsterkatze *ist ein Nachtjäger. Seit jeher wurde sie wegen ihres schönen Fells gejagt. Heute gehört sie zu den bedrohten Arten.*

Der Braunbär *lebte früher überall in Europa und ist in Deutschland ausgestorben. Heute ist er im wesentlichen nur mehr im Gebiet der ehemaligen UdSSR, in Skandinavien und auf der Balkanhalbinsel zu finden.*

Der Pyrenäen-Desman *lebt in Wildbächen. Sein Fell ist wasserundurchlässig, ähnlich wie beim Fischotter. Der kleine Insektenfresser ist etwa so groß wie eine Maus und läßt sich kaum je beobachten.*

Das Murmeltier *bewohnt die Hochgebirgsregionen und macht sich durch seine schrillen Pfiffe weithin vernehmlich bemerkbar. In den Nationalparks der Alpen kann man das dort gar nicht so scheue Tier in seiner natürlichen Umgebung sehen.*

Wir müssen umdenken

Während des gesamten 20. Jahrhunderts haben sich die Industrieländer so weiterentwickelt, als ob die Natur im Dienst des Menschen stünde, als ob er sie unbegrenzt ausbeuten und seinen Müll in ihr anhäufen könnte. So kann es nicht weitergehen. Die Menschen beginnen zu begreifen, daß sie die Folgen ihres Tuns für die Umwelt nicht außer acht lassen dürfen.

Die Notwendigkeit wissenschaftlicher Studien
Bevor ein Kraftwerk, eine Fabrik, ein Staudamm oder eine neue Stadt gebaut werden dürfen, müssen die möglichen Auswirkungen auf die Umwelt untersucht werden. Der Zustand der Umgebung muß festgestellt und das Risiko von Veränderungen abgeschätzt werden.

Hilfe für die Natur
Bei uns gibt es viele Umweltverbände, wie den Bund für Umwelt- und Naturschutz oder den Naturschutzbund Deutschland. Dort gibt es auch Kinder- und Jugendgruppen, die sich aktiv für die Natur einsetzen.

Jeder kann beitragen
Jeder einzelne kann zu einer saubereren Umwelt beitragen – besonders durch Energiesparen, Müllvermeidung und -sortierung. Altöl darf man nicht einfach wegschütten, Batterien müssen an den Sammelstellen abgegeben werden.

Neue Wege in der Landwirtschaft
Dünge- und Schädlingsbekämpfungsmittel haben beträchtliche Umweltschäden hervorgerufen. Schädlinge der Kulturpflanzen kann man aber auch mit Hilfe ihrer natürlichen Feinde bekämpfen. Und wenn nur so viel Dünger eingesetzt wird, wie die Ernte Nährstoffe dem Boden entzieht, ist die Grundwasserbelastung gering.

Rücksicht auf Tiere und Pflanzen
Straßen zerschneiden die Lebensräume von Tieren und Pflanzen, die so nur noch auf immer kleineren Flächen überleben können. Neue Straßen sollten deshalb nur dort gebaut werden, wo sie der Mensch unbedingt braucht.

Internationale Umweltabkommen

Die Umweltverschmutzung – saurer Regen, durch Pestizide und giftige Metalle verseuchte Flüsse – kennt keine Grenzen. Der Kampf gegen die Umweltverschmutzung muß daher von allen betroffenen Ländern gemeinsam geführt werden, um erfolgreich zu sein. Für den Schutz der Erdatmosphäre wurden bereits internationale Abkommen unterzeichnet.

Naturschutz als Beruf

Sowohl in den Industrieregionen als auch in den landwirtschaftlich geprägten Gebieten wird dem Naturschutz zunehmend Rechnung getragen. In Zukunft werden immer mehr Umweltexperten benötigt. Ein paar solche Berufe gibt es bereits. Neue werden hinzukommen.

Ein breites Spektrum

Den Beruf "Naturschützer" gibt es in dieser Form nicht. Ein Ingenieur, der ein Entsorgungssystem für die Industrie entwickelt, ein Marienkäferzüchter im Kampf gegen Blattläuse, ein Biologe mit Spezialaufgaben auf dem Gebiet Flußverschmutzung – sie alle befassen sich mit Naturschutz.

Die Arbeit in den Nationalparks

Die Beaufsichtigung und Erhaltung eines Naturparks machen eine Menge Arbeit. Die Tier- und Pflanzengesellschaften müssen in Bestandslisten erfaßt und erforscht sowie Beschlüsse über die Absperrung schutzbedürftiger Zonen gefaßt werden. Weitere Aufgaben sind das Anlegen von Lehrpfaden und Wanderwegen, die Abfassung von Informationsbroschüren und die Aufstellung von Verhaltensregeln für die Besucher.

***Der Biologe** mißt die Größe des Tieres, um z.B. Aussagen über das Alter machen zu können.*

***Der Tierarzt** hat den Elefanten mit einer Spritze betäubt. Nun kann der Dickhäuter in Ruhe untersucht werden.*

Die Überwachung der Erde

Viele Spezialisten arbeiten daran, die Erde immer besser kennenzulernen, um so die Natur besser zu schützen zu können:

- Der Vulkanologe erforscht die Vulkane. Er ist in erster Linie Chemiker und Geophysiker. Bei seiner wissenschaftlichen Arbeit im Gelände ist er vielen Gefahren ausgesetzt.
- Der Ökologe untersucht die Beziehungen zwischen Tieren, Pflanzen und ihrem Lebensraum.
- Der Hydrologe berechnet die Trinkwasserreserven und untersucht die Auswirkungen eines Staudammbaus auf die Umwelt.
- Der Meteorologe analysiert die Beziehungen zwischen Atmosphäre, Ozeanen und Kontinenten und entwickelt komplexe Modelle für die Vorhersage von Klimaveränderungen.

***Die Ornithologen** beobachten die Vögel durch das Fernrohr, lernen so ihr Verhalten kennen und zählen sie.*

***Der Geologe** ist Experte der Gesteinskunde. Er arbeitet sowohl im Freien (wenn er Gesteinsproben sammelt) als auch im Labor, wo er hochleistungsfähige elektronische Apparate für die Analysen benutzt.*

Neuer Berufe:
Umweltingenieure und -berater

Die großen Industriezweige, z.B. die chemische Industrie, werden sich zunehmend der Umweltgefahren bewußt, die von ihren Betrieben ausgehen. Daher brauchen sie Umweltingenieure, die umweltfreundliche Produktionsverfahren oder wirkungsvolle Abgasfilter konstruieren.

Um Haushalte z.B. bei der Müllvermeidung und -sortierung zu beraten, beschäftigen die Gemeinden Umweltberater.

An der Schwelle zum 21. Jahrhundert macht die Erde eine weltweite Umweltkrise durch. Alle Lebewesen unseres Planeten sind von den zahlreichen Formen der Umweltverschutzung betroffen. Es passieren immer mehr Unfälle, manchmal werden Umweltkatastrophen daraus. Die Eingriffe der Menschen in den Naturhaushalt verändern sogar das Klima. Die Aufgaben, die der Mensch lösen muß, sind vielfältig. Hier einige der vorrangigsten:

Umweltschutzunterricht in der Schule
In vielen Staaten ist Ökologie zwar theoretisch im Unterricht vorgesehen, in der Praxis bleibt dafür aber wenig Zeit, weil zuviel Lehrstoff bewältigt werden muß. Noch wichtiger wäre es, daß die Kinder schon früh die Möglichkeit bekommen, die Schönheit der Natur zu erleben. In der Schule könnten sie dann auf Möglichkeiten zum besseren Natur- und Umweltschutz hingewiesen werden.

Armen Ländern helfen
Der Löwenanteil an der Umweltverschmutzung entfällt auf die Industriestaaten. Derzeit stehen aber viele Länder Afrikas, Südamerikas und Asiens an der Schwelle zur Industrienation. Sie könnten die Lage noch verschlimmern. Es wird nicht leicht sein, allen Entwicklungsländern zu einem besseren Lebensstandard zu verhelfen, ohne daß die Umwelt noch mehr Schaden nimmt. Deshalb sind gewaltige gemeinsame Anstrengungen nötig.

Pflanzen ohne Blüten und Samen

Pflanzen ohne Blüten und Samen nennt man Kryptogamen. Zu ihnen gehören alle sogenannten niederen Pflanzenarten, vor allem die mikroskopisch kleinen. Sie bilden je nach ihrem Evolutionsgrad unterschiedliche Gruppen. Die einen haben Gefäße für den Stofftransport, die anderen – wie die Algen, Moose und Pilze – dagegen keine. Letztere sind meist an feuchten und wasserreichen Standorten zu finden.

***Die Blaualgen** sind Algen mit einem speziellen Farbstoff, der ihnen ihre besondere Farbe verleiht. Anders als die Rotalgen besitzen sie keinen echten Zellkern in ihren Zellen, somit stehen sie den Bakterien nahe. Sie entwickeln sich an feuchten Standorten, in Tümpeln und Teichen, aber auch auf nacktem Fels sowie an heißen Quellen. Für den Einsatz in Kläranlagen und als Nahrung für Wassertiere werden sie industriell kultiviert. Spirulina-Arten wachsen wild am Ufer des Tschad-Sees. In Japan wird eine Tolypothrix-Art dem Wasser der Reisfelder als lebender Düngerproduzent zugesetzt.*

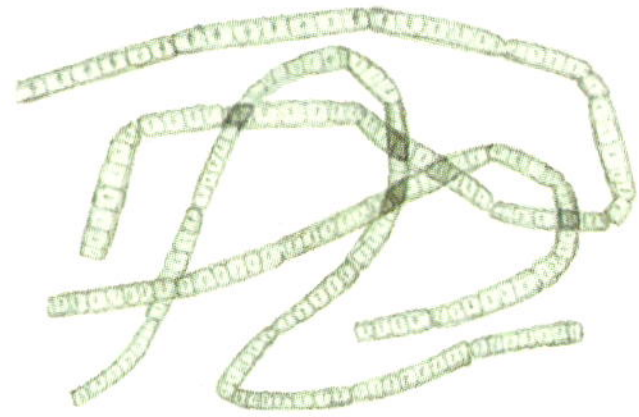

Blaualge

***Die Bakterien** sind winzige Organismen – die kleinsten Lebewesen unseres Planeten. Wie den Blaualgen fehlen auch ihnen ein echter Zellkern und spezialisierte Strukturen in ihren Zellen. Sie pflanzen sich durch Teilung fort und können sich sehr rasch vermehren. Bakterien sind äußerst anpassungs- und widerstandsfähig, sie entwickeln sich in allen Lebensräumen und sind millionenfach im Boden, im Meer und im Süßwasser, in heißen Quellen wie in eiskaltem Wasser zu finden. Sie können übelriechende Fäulnisprodukte bilden und Krankheiten bei Menschen, Tieren und Pflanzen verursachen.*

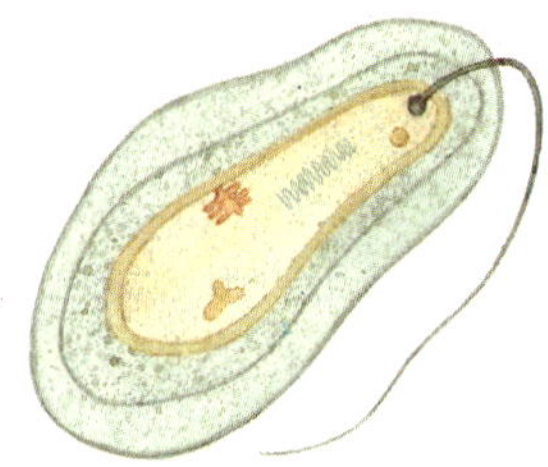

Bakterie

***Die eukaryotischen** oder **kernhaltigen Algen** sind ein- bis vielzellige Wasserpflanzen. Zu ihren gehören die meisten Algenarten, so auch die riesigen Braunalgen und Rotalgen der Meere. Als Dünger und Nahrungsmittel werden sie industriell angebaut.*

Tang

Rotalge

Braunalge

***Die Pilze** sind chlorophyllfreie Pflanzen, die ihre Nährstoffe aus totem Pflanzenmaterial, tierischen Leichen und Exkrementen beziehen. Sie wachsen daher bevorzugt auf Mist, humosem Waldboden, Holz und anderen feuchten Standorten. Bisher sind 200 000 Pilzarten bekannt.*

Steinpilz

Pfifferling,
Eierschwamm

Grüner Knollenblätterpilz

***Die Flechten** sind pflanzliche Doppelorganismen, bei denen Pilze und niedere Algen eine enge Verbindung eingegangen sind. Flechten gibt es in sehr unterschiedlicher Gestalt: die einen sind blattförmig, die anderen überziehen ihre Unterlage wie mit einer Kruste, manche sehen wie Miniatursträucher aus. Sie leben bevorzugt auf Felsen oder Rinde von Bäumen. Oft bilden sie die einzige Vegetation im Hochgebirge und besiedeln auch so unwirtliche Gegenden wie die Wüsten oder die gefrorenen Böden der Arktis. Für Rentiere ist eine Flechtenart der wichtigste Futterlieferant. Mit der Wolfsflechte hat man früher Wölfe vergiftet.*

Flechte

***Die Moose** umfassen die beiden Gruppen der Laub- und Lebermoose. Sie besitzen noch keine echten Wurzeln und Gefäße. Daher sind sie zur Wasser- und Nährstoffversorgung an feuchte Standorte gebunden. Besonders reich an Moosen sind die tropischen Nebel- und Bergwälder. Torfmoose können viel Wasser speichern und Torf bilden.*

Lebermoos

Torf- oder Wassermoos

***Die Farnpflanzen** sind Gefäßpflanzen, deren Fortpflanzungsorgane (Sporangien) an der Unterseite der Blätter angeordnet sind. Sie wachsen bevorzugt an schattigen Standorten, auf humusreichen Substraten, aber auch auf nährstoffarmen Heideböden. Sie sind weltweit mit etwa 10 000 Arten verbreitet. Manche tropischen Farne erreichen Baumgröße, andere leben als Epiphyten auf anderen Pflanzen. Mehrere, zumeist tropische Farnarten werden gezüchtet.*

Wurmfarn

***Die Schachtelhalme** sind ebenfalls Farnpflanzen mit Gefäßen. Ihre gerillten Halme sind hohl, in gestreckte Abschnitte und Knoten gegliedert, an denen etagenartig wirtelige Äste entspringen. Die kleinen, zähnchenförmigen Blätter sind an den Knoten zu Scheiden verwachsen. Sie wachsen bevorzugt an feuchten Standorten. Außer in Australien sind sie in allen Erdteilen vertreten. Die Wände des Stengels sind bei den Schachtelhalmen mit Kieselsäure imprägniert und werden deshalb zum Polieren von Metallgegenständen (Zinnkraut) verwendet.*

Ackerschachtelhalm

***Die Bärlappe** sind mehrjährige Gefäßpflanzen. Sie bilden eine Gruppe innerhalb der Farnpflanzen, die Wurzeln und kleine schuppenartige Blätter besitzen. Sie wachsen vor allem auf Waldboden. Bärlappe gibt es im wesentlichen in den Tropen der nördlichen und der südlichen Halbkugel, aber auch in gemäßigten Breiten und im Gebirge. Von den etwa 400 Arten sind nur sechs in Mitteleuropa heimisch. Von den Bärlappen gibt es zahlreiche fossile Arten, die in den Kohleflözen wiederzufinden sind.*

Keulenbärlapp

Blütenpflanzen I: die Nacktsamer

Pflanzen mit Blüten und Samen nennt man Phanerogamen. Man unterscheidet *Nacktsamer (Gymnospermen)* und *Bedecktsamer (Angiospermen,* siehe S. 170-171).
Die *Nacktsamer* sind Pflanzen, deren Samenanlagen nackt, d.h. nicht in ein Fruchtblatt oder einem Fruchtknoten eingeschlossen sind. Als sehr widerstandfähige Bäume oder Sträucher, die sich auch extremen Lebensbedingungen anpassen, sind sie auf der ganzen Welt, von der Taiga bis in die Wüstengebiete, zu finden. Viele Baumarten gehören zu den Nacktsamern, einer Pflanzenabteilung mit mehr als 800 Arten, darunter die Mammutbäume, mit über 100m die Riesen der Pflanzenwelt.
Im Erdmittelalter, vor 220 Millionen Jahren, waren die Nacktsamer zusammen mit den Farnen die beherrschende Pflanzengruppe unseres Planeten. Nach und nach wurden sie von bedecktsamigen Blütenpflanzen verdrängt, und zahlreiche Nacktsamer-Arten sind seit Millionen Jahren ausgestorben. Die verbleibenden spielen wegen der hohen Qualität ihrer Hölzer (Bauholz) immer noch eine bedeutende Rolle. Die wichtigste Gruppe der *Nacktsamer* bilden neben den Palmfarnen die Koniferen, zu denen alle einheimischen Nadelgehölze zählen. Ihre Samenanlagen liegen auf Samenschuppen, die zu einem Zapfen vereint sind.

Die Ginkgoartigen und die Cycadeen (Palmfarne)

Die Ginkgogewächse und die Cycadeen sind Pflanzengruppen, die mit den Palmen eine gewisse Ähnlichkeit haben, auch ihre Stämme sind gerade und tragen einen Schopf aus großen Blättern, näher verwandt sind sie allerdings nicht.

***Die Ginkgos** sind als Zierbäume weit verbreitet, jedoch bis auf eine Art ausgestorben. Sie stammen ursprünglich aus China, wo sie ihrer Schönheit wegen als Tempelbaum gezüchtet wurden. Der Ginkgobaum wird bis zu 30 m hoch und wirft seine Blätter im Herbst ab.*

***Die Cycadeen** oder **Palmfarne** sind kleine Bäume, die selten höher als 10 m werden und in den Tropen wachsen. Manche Arten tragen riesige Zapfen, die bis zu 1 m lang und 40 kg schwer werden können.*

Ginkgo biloba

Cycas

Die Eibengewächse

Die Eiben- und Stieleibengewächse sind zwei Familien der Nacktsamer, deren Vertreter die Eibe und die Stieleibe sind. Sie stehen den Koniferen nahe, besitzen jedoch keine Zapfen, sondern Samen mit einer fleischigen Hülle. Die Eibe wächst auf der nördlichen Halbkugel, die Stieleibe hauptsächlich auf der Südhalbkugel.

Eibe

Stieleibe

Die Koniferen oder Nadelhölzer

Die Koniferen sind mit mehr als 600 Arten weltweit vertreten. Sie sind Bäume oder Sträucher, die verholzte Zapfen tragen. Die meisten haben nadelförmige, immergrüne Blätter. Viele Nadelbäume sind sehr widerstandsfähig und haben sich selbst an extreme Lebensräume (Taiga, Hochgebirge) angepaßt.

Bergkiefer

Pinie

Lärche

Fichte

Araukarie

Sequoia

Zypresse

Tanne

Blütenpflanzen II: die Bedecktsamer

Die *Bedecktsamer* oder *Angiospermen* sind Blütenpflanzen, deren Samenanlagen in ein Fruchtblatt oder einen Fruchtknoten fest eingeschlossen sind. Sie stellen mit 250 000 Arten die größte und vielfältigste Gruppe der Pflanzenwelt dar. Die überwältigende Mehrzahl der mittelgroßen und großen Bodenpflanzen zählt zu ihnen. Zu ihren Vertretern gehören nicht nur die schönsten Zierpflanzen und ein Großteil der Kulturpflanzen, sondern auch viele Wasserpflanzen, Zwiebelpflanzen sowie Bäume und Sträucher überall auf der Erde.
Die Bedecktsamer werden nach der Art ihrer Keimlinge in zwei Gruppen eingeteilt: Die Klasse der Einkeimblättrigen (Monokotyledonen) aus deren Samen Keimlinge mit nur einem Keimblatt hervorgehen, und die Klasse der Zweikeimblättrigen (Dikotyledonen) deren Keimlinge jeweils zwei Keimblätter besitzen. Lilie, Palme und Weizen sind Monokotyledonen; Eiche, Margerite, Minze und Erbse sind Dikotyledonen.

***Die Birken** sind windblütige Bäume, charakteristisch für die arktischen Tundren.*

***Die Rotbuchen** sind in den Laubmischwäldern der Nordhalbkugel zu finden.*

***Die Weiden** sind die wichtigsten Gehölze der Ufergebüsche und Auwälder.*

***Die Feigenbäume** besitzen Milchsaft. Viele Arten sind Gehölze tropischer Wälder.*

***Die Nelkengewächse** sind eine Familie, aus der zahlreiche Zierpflanzen stammen.*

***Die Brennesseln** wachsen gerne an nährstoffreichen Standorten.*

***Die Primelgewächse** sind durch 200 Arten allein in Europa vertreten.*

***Die Nußbäume** wachsen in gemäßigtem Klima. Ihre Früchte sind sehr beliebt.*

***Die Bougainvilleen** sind Zierpflanzen der warmen Klimazonen.*

Die Zitronenbäume *gedeihen in den Mittelmeerländern mit milden Wintern.*

Die Weinrebe *ist eine Kletterpflanze, die Sproßranken ausbildet.*

Die Ölbäume *wachsen im Mittelmeerklima in Höhen bis etwa 400 m.*

Die Oleanderbäumchen *stammen aus dem Mittelmeerraum.*

Der Lavendel *besitzt aromatisch duftende Öle und wächst im Mittelmeergebiet.*

Die Buschwindröschen *sind typische Pflanzen der Laubmischwälder.*

Der Weizen *ist ein weltweit angebautes Getreide mit vielen Sorten.*

Die Tulpen *sind in Europa, Nordafrika und Westasien verbreitet.*

Das Maiglöckchen *wächst in den Wäldern der gemäßigten Breiten.*

Das Schneeglöckchen *ist eine Zwiebelpflanze und blüht schon zeitig im Frühjahr.*

Der Klatschmohn *ist eine Feldblume mit vielsamigen Kapselfrüchten.*

Die Margeriten *sind Wiesen- und Gartenblumen der gemäßigten Breiten.*

Die Apfelbäume *gehören zu den Rosengewächsen und sind die häufigste Obstbaumart.*

Die Kirschbäume *haben Steinfrüchte und gedeihen auf wasserdurchlässigen Böden.*

Der Frauenschuh *ist eine Orchideenart mit pantoffelförmigen Blüten.*

Wirbellose Tiere I: Weichtiere und Krebstiere

Die Wirbellosen sind Tiere ohne Wirbelsäule. Dazu gehören mehr als eine Million verschiedener Arten, die über die gesamte Erde verteilt sind und in allen Lebensräumen wohnen, zum Teil auch Meeresbewohner sind. Man unterscheidet drei große Klassen: die Weichtiere, die Krebstiere und die Insekten (S. 172-173; sie sind die zahl- und artenreichste Klasse). Manche Gruppen, wie die Tausendfüßer, die Würmer oder die Spinnen fallen nicht unter diese Gliederung. Sie gehören weniger artenreichen Gruppen an: den Stachelhäutern, Nesseltieren, Gliederwürmern, Spinnentieren und Tausendfüßern.

Die Weichtiere:

*– **Die Kopffüßer** leben durchwegs im Meer. Sie haben einen weichen Körper ohne harte Schale und um die Mundöffnung 8-10 Fangarme mit Saugnäpfen, mit denen sie ihre Beute packen.*

Krake

Tintenfisch

Kalmar

*– **Die Schnecken** sind sowohl Meeres- als auch Landbewohner. Man findet sie aber auch im Süßwasser. Ihr weicher Körper wird von einem Gehäuse aus einem Stück geschützt.*

Weinbergschnecke

Napfschnecke

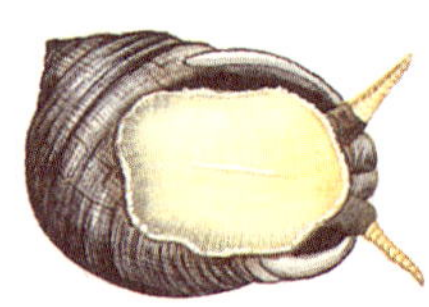
Strandschnecke

*– **Die Muscheln** sind durchwegs Wasserbewohner. Ihr Körper wird von einer Schale aus zwei symmetrischen oder unsymmetrischen, mit einem Scharniergelenk verbundenen Klappen geschützt.*

Miesmuschel

Auster

Gerade Scheidenmuschel

***Die Stachelhäuter** sind im Meer lebende Wirbellose, die weder zu den Weichtieren noch zu den Krebstieren gehören. Ihr rauher Körper ist mit Stacheln bewehrt. Sie sind meist in geringer, manchmal aber auch in großer Wassertiefe zu finden.*

Seestern

Seeigel

Die Krebstiere:

Die Krebstiere haben einen gepanzerten Körper. Sie sind meist Wasserbewohner. Sie besitzen Kiemen, fünf Beinpaare und zwei Fühlerpaare. Es gibt etwa 35 000 Arten davon.

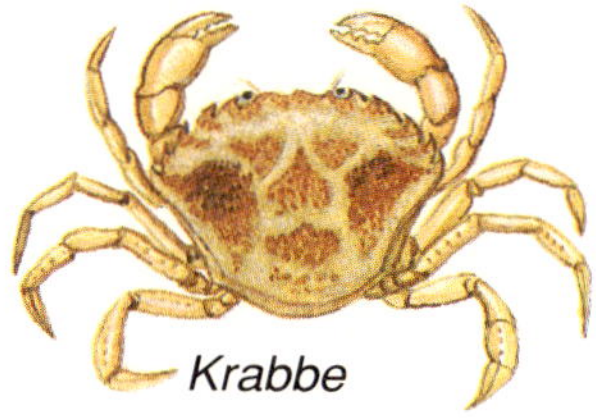

Krabbe

Garnele

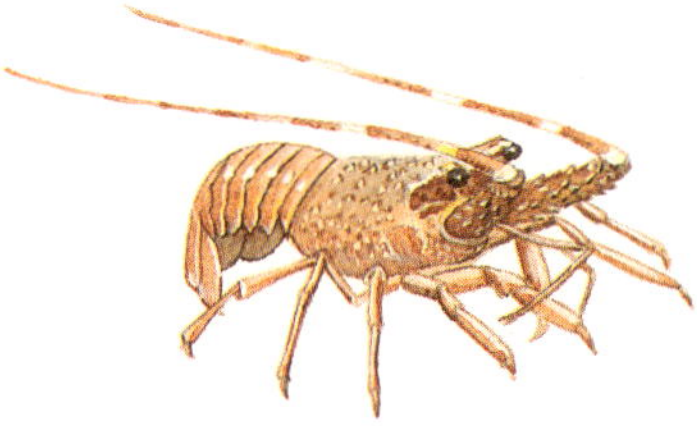

Languste

Flußkrebs

Wasserfloh

Seepocke

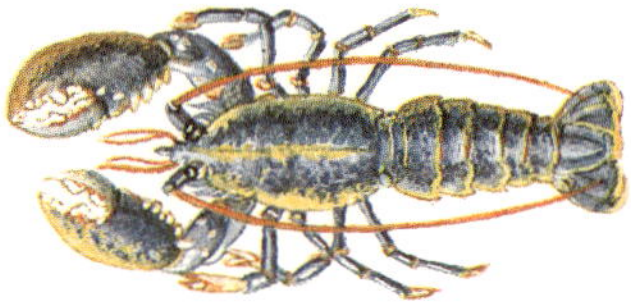

Hummer

Assel

***Die Nesseltiere** sind Meerestiere mit weichem Körper und – wie bei den Kopffüßern – rund um den Mund angeordneten Fangarmen, mit denen sie ihre Beute packen. Ihr Verdauungsapparat ist sackförmig eingestülpt.*

Seeanemone

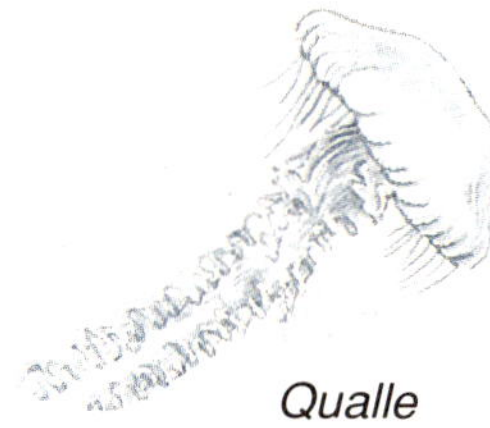

Qualle

***Die Ringelwürmer** sind wirbellose Meeres- oder Landbewohner. Ihr Körper ist weich und zylinderförmig. Er besteht aus vielen aneinandergereihten, gleichförmigen Ringen.*

Blutegel

Regenwurm

***Die Spinnentiere** sind Landbewohner. Mit Spinndrüsen am Hinterleib können sie einen Faden spinnen. Sie haben vier Beinpaare, keine Fühler und keine Kiefer. Über 50 000 Arten.*

Vogelspinne

Skorpion

***Die Tausendfüßer** sind Landbewohner. Ihr Körper besteht – wie bei den Ringelwürmern – aus einer Vielzahl gleichartiger Ringe mit je ein oder zwei Beinpaaren; daher der Name. Sie sind eine weitverbreitete Gruppe, die etwa 12 000 Arten zählt. Meist meiden sie das Licht und vergraben sich im Boden. Einige sind Räuber, andere leben von Pflanzenabfällen.*

Skolopender

Wirbellose Tiere II: die Insekten

Die Klasse der Insekten unfaßt allein etwa zwei Drittel aller Tierarten. Fast eine Million Arten sind heute bekannt, und man schätzt, daß sie zahlreicher sind als alle anderen Lebewesen einschließlich der Pflanzen. Sie haben durchwegs drei an den Brustringen befestigte Beinpaare. Manche Insekten sehen schon nach dem Schlüpfen wie ihre Eltern aus, doch meist ist das erste Lebensstadium die Larve. Erst entwickelt sich daraus eine Puppe, schließlich das fertige Insekt. Manche Insekten durchlaufen nicht alle diese Stadien. Man spricht dann von unvollständiger Metamorphose.
Insekten gibt es auf allen Erdteilen, in jeder Art von Lebensraum auf der Erde und im Wasser, außer im Meer. Manche, z.B. die Heuschrekken und die Libellen, wandern und fliegen dabei hunderte von Kilometern weit. Solche Schwärme von Millionen von Tieren können in Anbaugebieten verheerende Schäden anrichten.

Eintagsfliege

Silberfischchen

Gespenstschrecke

Eintagsfliegenartige (Ephemeroptera) *sind kleine, mit ungleichen Flügeln ausstattete, sehr kurzlebige Insekten (die Maifliege z.B. lebt nur 2-3 Tage). Sie bewohnen vor allem die Nordhalbkugel.*

Die Urinsekten (Thysanura) *sind Insekten ohne Metamorphose (Ametabola) und ohne Flügel, wie die Borsten- und die Springschwänze. Sie leben an feuchten Stellen (z.B. in Kellern und im Erdreich) und ernähren sich von Detritus.*

Die Gespenstschrecken (Phasmida) *sind die größten Insekten und in den Tropen verbreitet. Ihre Gestalt ist oft der ihrer Wirtspflanze täuschend ähnlich. Wenn sie stillhalten, sind sie nicht zu erkennen.*

Die Urflügler (Archäoptera) *sind Insekten mit unvollständiger Verwandlung. Manche von ihnen, z.B. die Termiten, bilden Staaten mit einer Königin, einem König, Arbeitern und Soldaten. Hierher gehören Libellen und Termiten.*

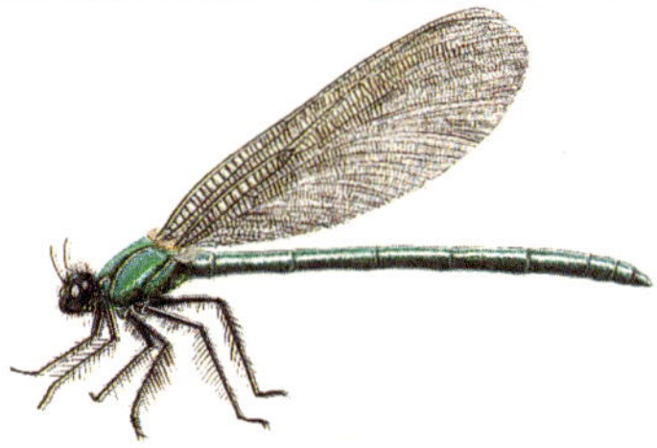

Prachtlibelle

Termite

Die Käfer (Coleoptera) *haben das vordere Flügelpaar (Elytren) als harte, hornige Deckflügel ausgebildet. Die Ordnung der Käfer umfaßt allein über 300 000 Arten und ist damit die artenreichste der Insekten. Käfer können von 5 mm bis 15 cm groß werden.*

Riesenbockkäfer

Skarabäus

Maikäfer

Die Flügellosen (Aptera) *haben im Gegensatz zu den übrigen Insekten gar keine Flügel. Einige von ihnen, z.B. die Flöhe, leben als Schmarotzer auf Säugetieren, durchstechen ihre Haut und saugen ihr Blut als Nahrung.*

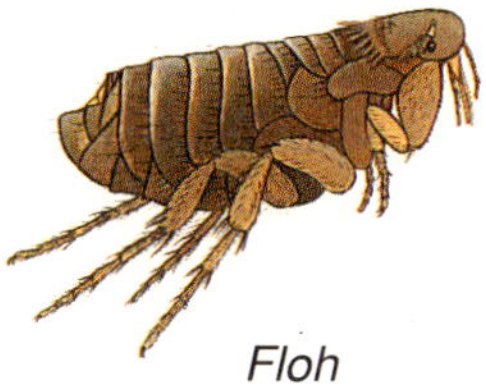
Floh

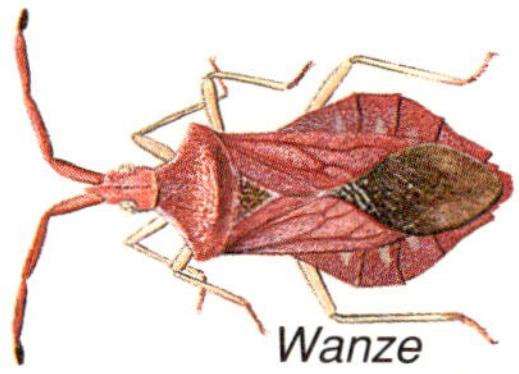
Wanze

Die Zweiflügler (Diptera) *haben nur ein Flügelpaar. Das erwachsene Insekt ernährt sich von Blütennektar oder Körperflüssigkeiten anderer Lebewesen, wie z.B. Blut. Zu dieser Ordnung gehören etwa 100 000 Arten.*

Stechmücke

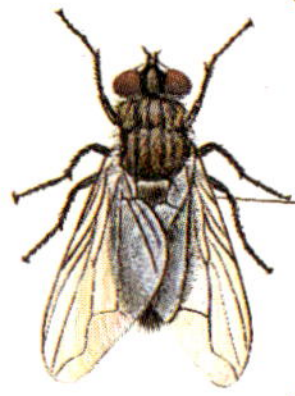
Fliege

Schnake

Die Hautflügler (Hymenoptera) *sind Insekten mit vollständiger Verwandlung, die, wie die Bienen, Wespen und Ameisen, zwei häutige Flügelpaare besitzen. Die über 100 000 Arten dieser Gruppe leben überall auf der Erde und ernähren sich von Blütennektar.*

Biene

Ameise

Wespe

Die Pflanzensauger (Homoptera) *sind Landbewohner und Pflanzenfresser. Wenn das Insekt in Ruhestellung ist, liegen seine Vorderflügel dachförmig auf dem Körper, kreuzen sich aber nie.*

Zikade

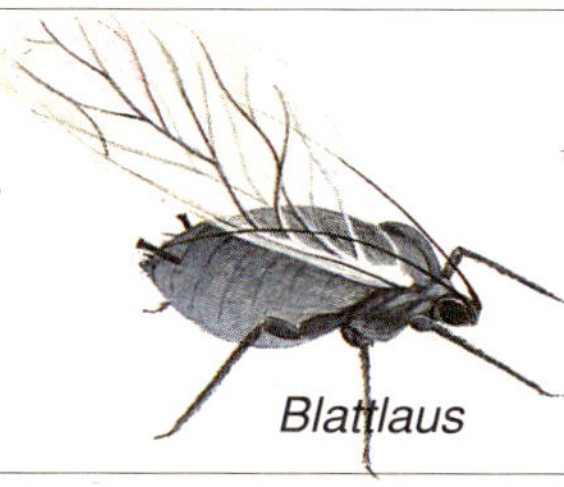
Blattlaus

Schildlaus

Die Schmetterlinge (Lepidoptera) *durchlaufen eine vollständige Verwandlung von der Larve zur Puppe und dem fertigen Insekt. Sie haben vier schuppenbedeckte Flügel und einen Rüssel, mit dem sie den Nektar aus den Blüten saugen.*

Admiral

Schwalbenschwanz

Morphofalter

Die Geradflügler (Orthoptera) *haben in Längsrichtung des Körpers gefaltete Hinterflügel. Im Gegensatz zu den mit harten Vorderflügel bewehrten Käfern sind ihre Vorderflügel weicher. Die Geradflügler sind Landbewohner und meist relativ groß.*

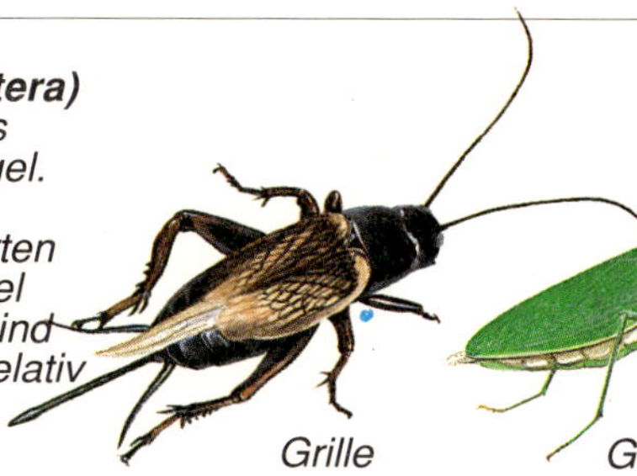
Grille

Gottesanbeterin

Ohrwurm

Wirbeltiere I: die Fische

Die Fische sind Wirbeltiere, die im Wasser leben und sich mit Flossen fortbewegen. Sie atmen fast ausnahmslos durch Kiemen und haben einen schuppenbedeckten Körper. Die etwa 20 000 Fischarten werden in zwei Gruppen unterteilt: die Knorpelfische (Haie und Rochen) haben ein knorpeliges Skelett, die Knochenfische (alle übrigen) ein verknöchertes.

DIE KNOCHENFISCHE

Anders als die Knorpelfische haben die Knochenfische ein vollständig verknöchertes Skelett. Zu ihrer Gruppe gehören fast alle Fischarten. Sie leben teils im Süßwasser, teils im Salzwasser, und manche Arten, wie z.B. Stör und Lachs, problemlos in beiden. Alle atmen durch Kiemen, einige wenige Arten haben zusätzlich Lungen und können so auch außerhalb des Wassers überleben.

Süßwasserfische

Der Piranha
ist ein Raubfisch der Tropen Südamerikas und wird bis zu 30 cm lang.

Die Forelle
lebt in Fließgewässern der nördlichen Halbkugel. Sie frißt lebende Tiere.

Der Karpfen
bewohnt stille, pflanzenreiche Gewässer. Er kann bis 70 cm lang und 15 kg schwer werden.

Der Stichling
ist seitlich abgeflacht und schuppenlos. Er lebt in stillen, grasbewachsenen Gewässern.

Der Hecht
ist ein Raubfisch mit flachem Maul und spitzen Zähnen. Er bewohnt stehende Gewässer.

Der Zitteraal
lähmt seine Beute durch Stromstöße. Er lebt in den Flüssen Südamerikas.

Meeresfische

Der Wolfsbarsch
ist ein gefräßiger Räuber des Mittelmeers und Atlantiks und bis zu 80 cm groß.

Der Barrakuda (Pfeilhecht)
ist ein bis zu 2 m langer Räuber mit kräftigem Gebiß (wie der Hecht).

Die Muräne
hat eine nackte, schuppenlose Haut. Sie lebt in tropischen und gemäßigten Meeren.

Der Fliegende Fisch
kann dank seiner sehr langen Flossen kurze Strecken im Gleitflug zurücklegen.

Das Seepferdchen
lebt in warmen Meeren. Sein Kopf steht senkrecht zum Rumpf. Es schwimmt aufrecht.

Der Thunfisch
zieht in Schwärmen durch die Ozeane der warmen und der gemäßigten Zonen.

Die Seezunge
ist abgeplattet, hat die Augen an der Oberseite und lebt auf sandigem Meeresgrund.

Der Schwertfisch
bekam seinen Namen wegen des langen Fortsatzes am Oberkiefer (Rostrum). Er bewohnt warme Meere.

Der Mondfisch
lebt in geringer Tiefe in den warmen Meeren. Er kann 3 m lang und 2 Tonnen schwer werden.

DIE KNORPELFISCHE

Die Knorpelfische – Haie und Rochen – besitzen stets ein knorpeliges, aber mit Kalk eingelagertes Skelett und ein unterständiges Maul unter einem Rostrum. Von den parallelen Zahnreihen ist nur die vordere in Funktion, die Zähne werden im Lauf des Lebens gewechselt.

Der Riesenhai
ist in Meeren Europas recht häufig. Trotz seiner Größe (8-12 m) ist er ungefährlich.

Der Walhai
lebt meist in den Meeren der warmen, selten der gemäßigten Breiten (über 30 m lang).

Der Weißhai
bewohnt die offenen Meere. Er ist 7 m lang und für Menschen äußerst gefährlich.

Der Blauhai
jagt weit draußen im offenen Meer. Er wird 3 m groß und ist gefährlich für Menschen.

Der kleingefleckte Katzenhai
ist ein Flachwasserfisch der gemäßigten Breiten (er wird bis 70 cm lang).

Der Mantarochen
lebt im Atlantik und ernährt sich von Plankton. Er ist der größte Rochen (bis zu 5 m).

Wirbeltiere II: Reptilien und Amphibien

DIE REPTILIEN

Schildkröten, Krokodile, Echsen und Schlangen gehören allesamt zur Klasse der Reptilien. Schuppen, Panzer oder Platten schützen ihre Körper, deren Temperatur je nach Umgebung schwankt. Es gibt fast 6 000 Arten: die meisten leben in heißen Regionen, manche auch in kalten, halten dann aber einen Winterschlaf.

Die Krokodile

***Das Nilkrokodil** lebt in Gewässern des tropischen Afrika und kann eine Länge von 5m erreichen.*

***Die Gaviale** (bis 7 m) mit langen, schmalen Schnauzen leben in den Flüssen Indiens und Indonesiens.*

***Die Alligatoren** mit flachem, breitem Kopf werden 1,30 - 4 m lang. Sie leben in Nordamerika und in China.*

Die Schlangen

***Die Aspisviper** ist eine Giftschlange. Sie kommt in Südwesteuropa vor.*

***Die Brillenschlange** wird 1,8 bis 2,2m lang, ist giftig und lebt in Asien.*

***Der Netzpython** ist mit bis zu 10 m Länge der größte Python. Er ist aber nicht giftig.*

Die Echsen

***Die Blindschleiche** ist eine fußlose Echse Europas und Kleinasiens, die bis zu 50 cm lang wird.*

***Die Chamäleons** verändern ihre Körperfarbe je nach Umgebung. Sie sind in Afrika und in Westasien verbreitet.*

***Der Grüne Leguan** lebt in Waldgebieten der amerikanischen Tropen und wird bis 1,80 m lang.*

Die Schildkröten

***Die Galapagos-Riesenschildkröte** (bis zu 250 kg) lebt am Land. Sie hält auch Trockenheit aus.*

***Die Griechische Landschildkröte** hat einen schuppenbedeckten Schwanz. Sie ist 20-30 cm groß.*

***Die Lederschildkröte**, die größte Schildkröte, wird bis 2 m lang und 500 kg schwer und lebt im Meer.*

DIE AMPHIBIEN

Die Amphibien beginnen ihr Leben im Wasser, leben aber dann an Land. Bei ihrer Geburt atmen sie durch Kiemen wie die Fische. Die erwachsenen Tiere haben Lungen. Man unterscheidet drei Gruppen: die Apoda, die keine Beine haben, die Froschlurche, die als erwachsene Tiere keinen Schwanz mehr haben, und die Schwanzlurche, die ihn ihr Leben lang behalten.

Die Apoda

Die Wurmwühle *sieht wie ein Ringelwurm mit schuppiger Haut aus. Sie ist fast blind und wühlt sich in den Boden, wenn sie erwachsen ist. Sie ist die bekannteste Vertreterin der wenigen Blindwühlenarten.*

Alle sehen wie langgestreckte Amphibien ohne Gliedmaßen aus.

Die Froschlurche

Der Wasserfrosch *ist in Mittel- und Südeuropa zuhause und kann nur am Wasser leben.*

Der Flugfrosch *kann dank Flughäuten an den Beinen im Gleitflug schweben. Heimat: Wälder Indonesiens.*

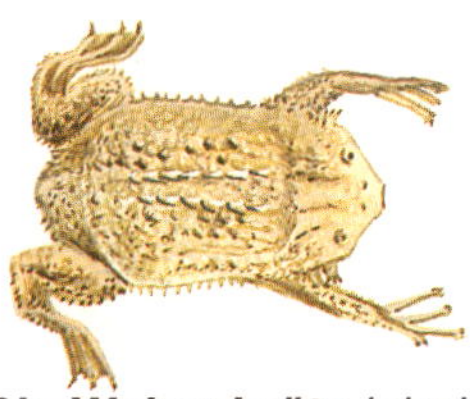

Die Wabenkröte *lebt in den Gewässern Südamerikas und hat Schwimmflossen an den Hinterbeinen.*

Die Erdkröte *lebt in den gemäßigten Breiten Europas. Sie lebt am Land, pflanzt sich aber im Wasser fort.*

Verwandlungsstadien des Frosches

① 

Ei

② ***Kaulquappe***

③ ***Kaulquappe*** *verliert ihren Schwanz, wenn sie zum Frosch wird*

④ ***fertiger Frosch*** *frisch aus dem Wasser*

Die Schwanzlurche

Der Feuersalamander *wird etwa 24 cm groß. Diese Salamanderart kommt auch bei uns vor.*

Der Große Armmolch *lebt in den Sümpfen im Osten der USA. Ihm fehlen die hinteren Gliedmaßen.*

Der Kammolch *hat in der Paarungszeit einen gezackten Kamm auf Rücken und Schwanz. Heimat: Gewässer Europas bis 2 000 m Höhe.*

Alle Vögel haben Federn, aber nicht alle können fliegen. Manche Arten, wie z.B. die Strauße und die Pinguine, haben dafür zu kleine Flügel. Bisher sind weltweit etwa 9 000 Vogelarten bekannt. Etwa 1 000 davon sind vom Aussterben bedroht, meist deshalb, weil ihr Lebensraum verschwindet. Manche Vögel leben in Kolonien (z.B. die Seevögel), andere lieber für sich.
Vögel gibt es in allen Gebieten der Erde, selbst in den Polargebieten und oberhalb der Schneegrenze, aber in den feuchtwarmen Tropenwäldern sind sie am zahlreichsten. Viele Arten können den Winter in kalten und feuchten Gegenden nicht ertragen und ziehen daher alljährlich in wärmere Breiten fort, meist in tropische oder äquatoriale Gebiete.

Die Sperlingsvögel *bilden mit mehr als die Hälfte aller Vogelarten die größte Ordnung. Sie sind meist klein und passen sich allen Lebensräumen an. Fast alle Singvögel und Arten, die zum Schutz vor Angreifern Schwärme bilden, gehören hierher.*

Turako

Blaubrust-Eisvogel

Blaukehl-Kolibri

Europäischer Seidenschwanz

Prachtdrossel

Rauchschwalbe

Die Pinguine
sind Vögel, sie sich dem Leben im Wasser angepaßt haben. Ihre Flügel sind zu Flossen umgebildet. Sie leben am Südpol und in den umliegenden Gebieten. Es gibt 18 Pinguinarten.

Kaiserpinguin

Goldschopfpinguin

Die Greifvögel *sind Fleischfresser und haben starke Krallen (Klauen) sowie einen hakenförmigen, kräftigen Schnabel. Einige jagen bei Tag (Adler, Falken), andere bei Nacht (Eulen, Uhus).*

Turmfalke

Uhu

Andenkondor

Die Laufvögel oder Straussenvögel haben verkümmerte Flügel und sind meist flugunfähig. Sie haben kräftige Beine, erreichen hohe Laufgeschwindigkeiten und zählen zu den größten Vögeln.

Strauß

Kiwi

Kasuar

Die Schwimmvögel haben Schwimmhäute zwischen den Zehen und sind dem Leben am Wasser gut angepaßt. In diese Gruppe gehören die meisten Seevögel, die Schwäne, die Enten und die Gänse. Auch die Möwen und die Seeschwalben zählen dazu.

Lachmöwe

Brandgans

Albatros

Die Stelzvögel haben verhältnismäßig lange Beine, Schnäbel und Hälse. Diese Merkmale kommen ihnen auf den schlammigen Böden, auf denen sie lebende Wasserbewohner jagen, sehr zugute. Man unterscheidet große Stelzenläufer wie den Reiher oder den Storch und kleine wie die Schnepfe.

Wasserralle

Weißstorch

Kiebitz

Die Taubenvögel stehen unserer Haustaube nahe. Sie haben einen kräftigen Schnabel, mit dem sie ihre Nahrung - harte Samenkörner - aufpicken können. Ihr Lebensraum sind Wälder und Wüsten mit Ausnahme der Polargebiete.

Fächertaube

Spießflughuhn

Rotschulter-Grüntaube

Die Hühnervögel sind tagaktive, ziemlich gedrungene Landvögel. Sie ernähren sich von Insekten, Samen und Würmern und schlucken auch Steinchen, um damit die Nahrung in ihrem Kaumagen zu zerkleinern.

Rothuhn

Auerhahn

Goldfasan

Die Klettervögel haben als typisches Merkmal einen krummen, starken Schnabel. Der Oberkiefer ist gelenkig. Eine besondere Anordnung der Zehen (2 weisen nach vorn, 2 nach hinten) verschafft ihnen guten Halt beim Klettern.

Sultansspecht

Vielfarblori

Tukan

Wirbeltiere IV: Die Säugetiere

Die Säugetiere gelten als die höchstentwickelten Tiere und umfassen fast 4 200 Arten. Man unterscheidet 3 große Gruppen: die Plazenta-Tiere (zahlreichste Gruppe, bringt voll entwickelte Junge zur Welt), die Beuteltiere (die Jungen entwickeln sich im Beutel des Muttertieres fertig) und die Kloakentiere (sie legen Eier). Alle Weibchen säugen ihre Jungen, daher der Name Säugetiere.

Die Kloakentiere *sind die einzigen Säugetiere, die Eier legen, ausbrüten und dann ihre Jungen säugen. Es gibt 2 Familien, die Ameisenigel und die Schnabeltiere; beide leben in Australien.*

Ameisenigel

Schnabeltier

Die Insektenfresser *ernähren sich fast ausschließlich von Insekten. Mit ihren spitzen Zähnen knacken sie die Panzer ihrer Beute. Die Etruskerspitzmaus ist eines der kleinsten Säugetiere der Welt.*

Spitzmaus

Igel

Maulwurf

Die Beuteltiere *bringen unfertige Junge zur Welt, die sich im Beutel der Mutter fertig entwickeln. Sie leben in Melanesien, in den Tropen Amerikas und vor allem in Australien.*

Opossum

Koala

Känguruh

Die Fledertiere *oder Fledermäuse können dank einer Flughaut, die auch an den Fußgelenken befestigt ist, wirklich fliegen. Sie leben in gemäßigten Breiten, am zahlreichsten aber in den Tropen.*

Höhlenflughund

Fledermaus

Die Primaten *haben zum Greifen ausgebildete Hände und Füße mit je 5 Fingern bzw. Zehen. Zu den 171 Arten zählt auch der Mensch. Primaten leben vor allem in äquatorialen und tropischen Gebieten.*

Gorilla

Makak

Pavian

Die Waltiere *sind Meeressäugetiere. Sie leben in den Polarmeeren, aber auch in tropischen Meeren und in Äquatornähe. Der Blauwal ist das größte noch lebende Säugetier.*

Delphin

Narwal

Die Zahnlosen (Edentata) haben entweder gar keine oder nur eine Sorte Zähne. Sie fressen Insekten und Pflanzen, die manche Arten mit der Zunge anpacken. Sie sind Landbewohner Amerikas und Asiens.

Faultier

Ameisenbär

Die Hasentiere haben kräftige Hinterläufe. Sie stehen den Nagetieren nahe und sind in 2 Familien untergliedert: die Hasenartigen (Kaninchen und Hasen) und die Pfeifhasen (Pikas).

Europäisches Wildkaninchen

Pfeifhase (Pika)

Die Nagetiere haben lebenslang weiterwachsende, scharfe Schneidezähne. Es gibt mehr als 2 000 Arten, die in allen Gebieten der Welt außer im Meer leben.

Springmaus

Murmeltier

Eichhörnchen

Die Raubtiere ernähren sich von Fleisch, das sie mit ihren spitzen Eckzähnen reißen. Außer Neuseeland und einigen Inseln Ozeaniens sind sie in der ganzen Welt verbreitet.

Bär

Löwe

Katze

Die Robben sind Wasserbewohner, pflanzen sich aber an Land fort. Ihr Körper trägt ein Fell, ihre Gliedmaßen sind Flossen. Sie leben in Kolonien, vor allem am Nord- und Südpol.

Seelöwe

Walroß

Die Huftiere sind Grasfresser und haben Hufe. Nach der Zahl der Zehen werden sie in Unpaarhufer (ungerade Zehenzahl) und Paarhufer (gerade Zehenzahl) eingeteilt.

Pferdeantilope

Elefant

Pferd

Die Seekühe sind Meeresbewohner mit fischförmigem Körper, die in den warmen Meeren leben. Die 6 Arten dieser Ordnung gehören zu den 2 Familien der Manatis und der Dugongs.

Lamantin

Dugong

WICHTIGE ADRESSEN

Seit einigen Jahren gewinnt der Natur- und Umweltschutz in unserer Gesellschaft – gerade auch bei jungen Menschen – ständig an Bedeutung. Eine Reihe internationaler, staatlicher und privater Institutionen setzen sich für den Natur- und Umweltschutz ein. Hier einige wichtige Adressen:

INTERNATIONALE ORGANISATIONEN

The World Conservation Union (IUCN), Avenue du Mont-Blanc, CH-1196 Gland.
Les Amis de la Terre (Friends of the Earth), 38 rue Meslay, F-75003 Paris.
International Council for Bird Preservation, 32 Cambridge Road, Girton, Cambridge CB3 7BR, UK.
World Society for the Protection of Animals, Parks Place, 10 Lawn Lane, London SW8 1UD, UK.
Worldwide Fund for Nature (WWF), Avenue du Mont-Blanc, CH-1196 Gland.
Greenpeace International, Keizersgracht 176, NL-1016 DW Amsterdam.

IN DEUTSCHLAND

Bundesministerium für Umwelt, Naturschutz und Reaktorsicherheit, Kennedyallee 5, 5300 Bonn 2.
Umwelt-Bundesamt, Bismarckplatz 1, 1000 Berlin 33
Naturschutzbund Deutschland, BGS Bonn, Am Michaelshof 8-10, 5300 Bonn 2.
Naturschutzjugend im Naturschutzbund Deutschland, Bundesgeschäftsstelle, Königsträßle 74, 7000 Stuttgart 70.
Geschäftsstelle der BUNDjugend, Friedrich-Breuer-Straße 86, 5300 Bonn 3.
Deutscher Jugendbund für Naturbeobachtung (DNJ), Geschäftsstelle, Mühlendamm 84 a, 2000 Hamburg 76.
Aktion Ameise, c/o Königsträßle 74, 7000 Stuttgart 70.
Umweltstiftung WWF Deutschland, Hedderichstr. 110, 6000 Frankfurt/Main 70.
Greenpeace Deutschland e.V., Vorsetzen 53, 2000 Hamburg 11.
Robin Wood - Gewaltfreie Aktionsgemeinschaft für Natur und Umwelt e.V., Erlenstr. 34-36, Postfach 102 122, 2800 Bremen 1.
Schutzgemeinschaft Deutscher Wald, Meckenheimer Allee 79, 5300 Bonn 1.

IN ÖSTERREICH

Österreichische Gesellschaft für Natur- und Umweltschutz, Hegelgasse 21, A-1010 Wien.
WWF Österreich, Ottakringer Str. 114-116, A-1160 Wien.
Greenpeace Österreich, Auenbruggergasse 2, A-1030 Wien.
Vier Pfoten, Mariahilfer Str. 74 b, A-1070 Wien.

IN DER SCHWEIZ

Schweizerischer Bund für Naturschutz, Wartenbergstr. 22, CH-4020 Basel.
WWF Schweiz, Förrlibuckstr. 66, CH-8037 Zürich.
Greenpeace Schweiz, Müllerstr. 37, CH-8022 Zürich.

Dieser Index enthält die Namen der Tier- und Pflanzenarten, der großen Lebensräume und die wichtigsten ökologischen Begriffe.

A
Aal 29
Abgase 144
Abwasserreinigung 131
Ackerschachtelhalm 167
Addax 57
Admiral 175
Affen 60
Affenbrotbaum 52, 53
Afrika 49
Akazien 53, 83
Albatros 117, 181
Aleppokiefer 36
Algenteppich 132
Alligator 98, 101, 178
Alpen 42
Alpensteinbock 44
Amazonasbecken 106
Ameise 175
Ameisenbär 183
Ameisenbäume 106
Ameisenigel 82, 182
Amerika 91
Amerikanische Lärchen 94
Amerikanischer Uhu 95
Amethystpython 77
Amphibien 28, 33, 178, 179
Anakonda 104, 106
Anden 104
Andenbär 105
Anden-Kondor 105, 180
Angiospermen 168, 170
Anhinga 99
Anhinga, schwarzer 106
Antarktis 114, 147
Antilopen 54
Apfelbäume 171
Apoda 179
Aptera 175
Arapaima 106
Araukarie 83, 169
Archäoptera 174
Arktis 112
Aronstabgewächse 59
Artemia 123
Artenvielfalt 154
Asien 65
Aspisviper 178
Assel 173
Atlasspinner 76
Atmosphäre 136
Auerhahn 44, 181
Ausdehnung der Wüsten 141, 142, 164
Ausgestorbene Arten 150
Aussterben 150
Auster 172
Austernfischer 102
Australien 82
Avicennia 77
Azara-Oppossum 109

B
Baßtölpel 19, 20, 21
Backenhörnchen 95
Bakterie 166
Bakterien 166
Balsabäume 106
Balsampappel 94
Bambus 106
Bambusbär 151
Bankskiefern 94
Baobab 52, 53, 63
Bär 183
Bärlappe 167
Barrakuda 176
Bartenwale 116
Bartgeier 74, 159
Bartwürmer 146
Baum der Reisenden 63
Baumfarne 58
Baumfrosch 59
Baumheide 37
Bedecktsamer 168, 170
Bedrohte Arten 150
Bergahorn 47
Bergeidechse 33
Bergkänguruh 82
Bergkiefer 169
Bernhardkrebs 16
Beuteltiere 84, 182
Beutelwolf 84
Biber 28, 38, 95
Biene 156, 175
Biologischer Anbau 125
Biome 8
Birke 39, 40, 72, 170
Bisamratte 98, 99, 100, 101, 153
Bisons 96
Blasentang 20
Blattlaus 175
Blaualgen 20, 73, 166
Blaubrust-Eisvogel 180
Blauhai 177
Blaukehl-Kolibri 180
Blaureiher 99
Blauschafe 74
Blauwale 116
Blindschleiche 178
Blutegel 173
Blütenpflanzen 168, 170
Bobak 70
Borealer Nadelwald 8, 94
Borstengürteltier 109
Bougainvilleen 170
Brachschwalbe 23
Brachsen 29
Brandgans 181
Braunalge 166
Braunbär 159
Brauner Pelikan 100
Brautente 101
Breitmaulnashorn 151
Brennessel 152, 170
Brillenbär 104, 105
Brillenschlange 178
Brüllaffe 107
Buche 39
Buckelwale 116
Büffel 53, 54
Buntspecht 39
Buschratte 103
Buschsteppen 36
Buschwindröschen 39, 171

C
Caatinga 9
Camargue-Stiere 22
Chamäleons 178
Chinchilla 105
Chuckwalla 102
Clownfisch 88
Coleoptera 174

INDEX

Combretum-Trocken-
gehölz 52
Cycadeen 168
Cycas 168

D
Delphin 182
Deltaküsten 22
Desertifikation 142
Diamantklapperschlange 97
Dikotyledonen 170
Dingo 82, 84
Dinosaurier 150
Diptera 175
Doktorfisch 88
Doppelhornvogel 69
Dornbäume 63
Dornbuschsavanne 9
Dornsavannen 52
Dornwald 9
Douglasien 95
Dreifarbenreiher 98, 99
Dreizehenmöwen 21
Dromedar 56
Dronte 150
Dugong 183

E
Echsen 178
Edelweiß 43
Edentata 183
Efeu 46, 47
Eibe 169
Eibengewächse 169
Eichenwald 36
Eichhörnchen 38, 157, 183
Eidechsen 33, 56
Eidechsennatter 37
Eierschwamm 166
Eindeichung 121
Einkeimblättrige 170
Einsiedlerkrebs 16
Eintagsfliege 28, 174
Eintagsfliegenartige 174
Eisbär 112, 113
Eisvogel 27
Elch 41, 94
Elefant, afrikanischer 53, 54,
151, 183
Elefant, indischer 69
Elektrische Fische 106
Emu 82
Engelshai 88
Ephemeroptera 174
Erbgut 148
Erdbeerbaum 37
Erdkröte 179
Erdnuß 154
Erika 30
Erosion 121
Esche 39
Etruskerspitzmaus 37
Eukalyptus 82, 83
Eukaryotische Algen 166
Eule 156
Euphorbien 63
Europa 13
Europäischer Seiden-
schwanz 180
Europäisches Wild-
kaninchen 183
Eutrophierung 131
Everglades 98

F
Fächertaube 181
Farnpflanzen 167
Faultier 183
FCKWs 137
Feigenbäume 106, 170
Feigenkaktusse 102
Feldlerche 35
Feldmaus 34, 35, 38, 112
Felsküste 18
Fennek 56
Fettkraut 31
Feuchtgebiete 164
Feuchtsavanne 52
Feuersalamander 33, 179
Fichte 40, 95, 169
Fichtentaiga 40
Fische 176
Fischfang 122
Fischotter 27, 28, 29
Flachmoor 30
Flamboyant 63
Flamingo, rosa 23
Flammenbaum 63
Flaschenbaum 63, 82, 83
Flechten 20, 167
Fledermaus 59, 69, 182
Fledertiere 182
Fliege 175
Fliegender Fisch 177
Fliegenschnäpper 41, 69
Floh 175
Flußdelta 15, 22
Flußkrebs 101, 173
Flußpferde 53, 54
Flügellose 175
Flugfrosch 179
Flughörnchen 95
Flughühner 57
Flughund 77
Fluorchlorkohlenwasser-
stoffe 137
Flüsse und Bäche 26
Forelle 29, 131, 176
Frauenschuh 171
Frösche 33
Froschlurche 179
Füchse 70, 84, 152

G
Gabelböcke 97
Galapagos-Riesenschild-
kröte 178
Gänsegeier 159
Garigue 36
Garnele 173
Gavial 178
Gazellen 54, 55
Gebärfische 147
Geckos 56
Geier 54, 55
Gemse 44
Genbanken 154
Gentechnik 148, 149
Gepard 55
Gerade Scheidenmuschel 172
Geradflügler 175
Geschützte Arten 158
Gespenstschrecke 69, 174
Gibbons 68
Giftmüll 138
Giftstoffe 155
Gila-Bindenspecht 103
Ginkgo biloba 168
Ginkgogewächse 168
Ginster 30
Ginsterkatze 159
Giraffen 54, 55
Glanzvogel 106

Glattwale 116
Gleitbeutler 84
Gleithörnchen 68
Gletscher 43, 72, 114, 144
Gletscherfloh 74
Gnus 54, 55
Gold-Halbmaki 146
Goldfasan 181
Goldschopfpinguin 180
Gorilla 58, 182
Gottesanbeterin 175
Grasbaum 82
Grasmücken 41
Greifvögel 180
Grenadierfisch 123
Griechische Landschildkröte 178
Grille 69, 175
Grizzly 94, 95
Großer Armmolch 179
Großer Panda 151, 165
Großtrappe 71
Grundwasser 128, 129
Grüner Leguan 178
Grüner Knollenblätterpilz 166
Grünhelmturako 61
Gum (Eukalyptusart) 82
Gürtelfischer 100
Gymnospermen 168

H

Haff 22
Haie 89, 177
Halbwüsten 8, 9
Hänfling 34
Hartlaubgebüsch 8
Hartlaubwälder 8
Hasen 112
Hasentiere 183
Hausmaus 46
Haussperling 46
Haustierarten 155
Hautflügler 175
Hecht 25, 29, 176
Hecken 34
Heide 30
Heidekraut 30
Heidschnucken 33
Heringe 122
Heringsmöve 14
Hermelin 70, 71
Himalaya 72, 74
Himalaya-Zeder 72
Hirsch 157
Hochgebirge 44
Hochgebirgsvegetation 9
Hochmoor 30, 31
Höhlenflughund 182
Homoptera 175
Hornrabe 59
Hornviper 57
Huftiere 183
Hühnervögel 181
Hummer 173
Hyänen 54
Hyänenhunde 55
Hyazinthen 39
Hymenoptera 175

I

Ibis 53
Igel 182
Immergrün 155
Immergrüner Regenwald 9, 58
Indischer Elefant 69
Indri 62
Insektenfresser 182
Insektizide 134

J

Jaguare 104
Jakamar 106
Javanashorn 77
Johanniskraut 153
Joshuabaum 102
Jungfernkranich 71

K

Käfer 33, 69, 174
Kaiman 106, 107
Kaiserpinguin 117, 180
Kaktus-Zaunkönig 103
Kalifornische Wüste 102
Kalmar 172
Kammolch 179
Kammratten 109
Känguruh 84, 85, 152, 182
Känguruhratte 103
Kaninchen 34, 44, 152
Kanincheneule 97
Kanubirke 94
Kapokbäume 106
Karpfen 24, 131, 176
Kastanien 46
Kasuar 181
Katze 183
Katzenhai 177
Katzenwels 152
Kaulquappe 179
Kautschukbäume 106
Kegelschnecke 89
Kermeseiche 37
Keulenbärlapp 167
Kiebitz 181
Kiefer 72, 94
Kieferntaiga 40
Kiesstrand 15
Kirschbäume 171
Kiwi 181
Klapperschlange 102
Kläranlage 131, 133
Klatschmohn 171
Kleiner Panda 75
Kleingefleckter Katzenhai 177
Klettervögel 181
Klima 144
Kloakentiere 182
Knochenfische 176
Knochenhecht 98
Knorpelfische 177
Koala 82, 84, 85, 182
Köcherfliege 28
Kojote 97, 102
Kokospalme 63, 82
Kolibris 59, 103
Komodowaran 77
Koniferen 38, 169
Königskobra 69
Kopffüßer 172
Korallenpolypen 86
Korallenriffe 86
Korkeiche 36
Kormoran 18, 21, 53, 102
Kornweihe 32, 33
Krabbe 16, 20, 101, 173
Kragenechse 82
Krake 172
Krebstiere 173
Kreuzotter 33
Kreuzschnabel 41
Krickente 23
Kriebelmücke 28

INDEX

Krill 117
Krokodile 178
Kryptogamen 166
Kuckuck 35
Kugelfisch 155
Kurzgrasprärie 96
Küstenseeschwalbe 113, 117

L
Lachmöve 15, 181
Lachs 29, 94
Ladakh-Pfeifhase 75
Lagunen 22
Lamantin 99, 183
Landschaftsschutz 158
Landwirtschaft 124
Langgrasprärien 96
Langschwanzhabicht 61
Languste 173
Lärche 42, 169
Lärchentaiga 40
Larvenroller 69
Larvensifaka 62
Laubbäume 38
Laubfrosch 24
Laubwald 8, 38
Laufvögel 181
Lavendel 37, 171
Lebensräume 8
Lebensräume, unerforschte 146
Lebermoos 167
Lederschildkröte 178
Leguane 63
Lemminge 112
Lemuren 62
Leopard 55
Lepidoptera 175
Lerchen 71
Lianen 59
Löffler 53
Lorbeer 37
Lotusblüten 101
Löwe 55, 183
Luchse 94
Luftverschmutzung 136
Lummen 133
Luzerne 149

M
Macchie 36, 120
Madagaskar 62
Mähnenwolf 109
Maiglöckchen 171
Maikäfer 174
Makak 77, 182
Mallee-Scrub 83
Mandrill 60
Mangaben 60
Mangrove 9, 76
Mantarochen 89, 177
Manul 71
Margeriten 171
Marienkäfer 156
Masken-Schleiereule 82
Mastixstrauch 36
Matamata-Schildkröte 107
Mauerläufer 45
Mauersegler 46
Maulwurf 34, 182
Mäuse 46
Mauswiesel 34
Meeresfische 176
Meeresverseuchung 132
Meerforellen 101
Meerkatzen 60
Meerschweinchen 109
Mehlschwalbe 47
Mendes-Antilope 57
Messermuscheln 16
Miesmuschel 19, 21, 172
Miombo 9
Miombo-Baum 52
Mischgrasprärie 96
Mischwald 8, 38
Mississippi-Alligator 100
Mississippidelta 100
Mittelmeer 19
Mojave-Erdhörnchen 103
Mönchsrobbe 19
Mondfisch 177
Monokotyledonen 170
Monokultur 121, 154
Monsun 68
Monsunwälder 9
Monte 109
Moor 30
Moorschneehuhn 32
Moose 31, 167
Morphofalter 175
Moschusochsen 112
Möwe 102
Mufflons 74
Mulga 83
Müllmengen 138
Müllsortierung 160
Müllvermeidung 160
Muräne 88, 176
Murmeltier 44, 45, 159, 183
Muschelzucht 17
Myrte 37

N
Nachtfalter 33
Nacktsamer 168
Nadelhölzer 169
Nadelwälder 40
Nadelwälder, boreale 8, 94
Nagetiere 183
Nandu 108
Napfschnecke 20, 172
Narwal 182
Nasenaffe 77
Nationalparks 10, 158, 162
Naturschutz 158, 160, 162
Naturschutzgebiete 10, 158
Nelkengewächse 170
Nesseltiere 173
Netzpython 69, 178
Niedermoor 31
Nilkrokodil 178
Nitrate 130, 131, 132
Nußbäume 170
Nutria 28, 101, 153

O
Ohrwurm 175
Ökologie 156, 165
Ökosystem 156
Ölbäume 171
Ölbaum, wilder 37
Oleanderbäumchen 171
Ölpest 133, 165
Opossum 182
Opuntien 102, 109
Orongo 74
Orthoptera 175
Ozeanien 79
Ozonschicht 137, 165

P
Palme, neukaledonische 151
Palmen 52, 106

Palmfarne 168
Palo verde 102
Pampa 8, 108
Pampafuchs 109
Pampahirsch 108
Panda, Großer 151, 165
Panda, Kleiner 75
Papageien 59
Papageitaucher 113, 133
Pappeln 40
Paramo 9
Patagonien 108, 109
Pavian 54, 55, 182
Pfeifhase 183
Pfeilhecht 176
Pferd 183
Pferdeantilope 183
Pfifferling 166
Pflanzenarten, eßbare 154
Pflanzensauger 175
Phanerogamen 168
Phasmida 174
Phosphate 131, 132
Phrygana 37
Pika 75, 183
Pilze 166
Pinguine 117, 180
Pinie 169
Piranha 106, 107, 176
Platanen 46
Polargebiete 111
Polarwolf 112
Ponerinenameise 76
Prachtdrossel 180
Prachtlibelle 174
Prärie 8, 96
Präriefalke 97
Präriehuhn 96
Präriehunde 96
Primaten 182
Primelgewächse 170
Pseudoskorpion 74
Puma 109
Puna 9, 104
Putzergarnele 89
Puya raimondi 104
Pyrenäen-Desman 159

Q
Qualle 173
Queller 23

R
Radioaktive Abfälle 137
Radioaktive Substanzen 135
Rafflesia arnoldii 68
Raubmöwen 117
Raubtiere 183
Rauchschwalbe 180
Raupen 33, 156
Ravenala 63
Recycling 139
Regenbogenforelle 94
Regenbrachvogel 32
Regengrüner Trockenwald 9
Regenpfeifer 71
Regenwald 60, 140, 164
Regenwurm 173
Rentier 112
Reptilien 33, 178
Reservate 10, 158
Rhizophoraceen 77
Rhododendren 72
Riementang 20
Riesenalke 150
Riesenbockkäfer 174
Riesengürteltier 106
Riesenhai 177
Riesenholzwespe 76
Riesen-Säulenkaktus 102
Ringelgänse 15
Ringelnatter 25, 33
Risiken der Gentechnik 148
Roßkastanie 47, 121, 153
Robben 117, 135, 183
Robbensterben 135
Rochen 177
Rosa Flamingo 23
Rosenstar 71
Rosmarin 37
Rotalge 86, 166
Rotbuchen 170
Roter Stummelaffe 60
Rötelmaus 39
Rötelreiher 99
Rotes Riesenkänguruh 84
Rotfeder 29
Rotfeuerfisch 88
Rotflügelbrachschwalbe 23
Rothirsche 44
Rothuhn 181
Rotschulter-Grüntaube 181
Rotschulterstärling 98
Rotschwanzbussard 103
Rückgang der Wälder 121

S
Saatkrähen 35
Saguaro 102, 103
Saigaantilope 71
Salamander 33, 101
Salzmelde 23
Samtkopfgrasmücke 37
Sanderling 17
Sandhügelkranich 98
Sandstrand 14
Sandwurm 16
Säugetiere 182
Säulenkaktus 103
Saurer Regen 136, 141, 164
Savannen 52, 54, 108
Schabrackentapir 69
Schachtelhalme 167
Schafe 33
Schakal 55, 102
Schildkröten 101, 178
Schildlaus 175
Schimpansen 60
Schirm-Akazie 52
Schlammspringer 77
Schlangen 178
Schlangenhalsvogel 99, 106
Schlanklori 68
Schleie 25
Schleimfisch 21
Schlickgebiete 15
Schlickröhrenwurm 17
Schmetterlinge 69, 175
Schnabeltier 82, 84, 182
Schnake 175
Schnee-Eukalyptus 83
Schneealgen 73
Schneegeier 75
Schneeglöckchen 171
Schneehase 44
Schneeleopard 75
Schneemaus 44
Schneereiher 98, 101
Schraubenpalme 82
Schreikranich 97
Schuppentier 54
Schwalben 46
Schwalbenschwanz 175

Schwanzlurche 179
Schwarzbär 94
Schwarzes Kohlröschen 42
Schwarzfichten 94
Schwertfisch 177
Schwertwale 102
Schwimmpflanzen 25
Schwimmvögel 181
Scrub 83
Seeanemone 19, 88, 173
See-Elefanten 117
Seegras 15
Seehund 112, 113
Seeigel 20, 172
Seekuh 99, 183
Seelöwe 117, 183
Seen und Teiche 24
Seepferdchen 177
Seepocke 20, 173
Seerosen 25, 101
Seeschwalbe 14, 22
Seestern 20, 21, 89, 172
Seezunge 177
Segler 69
Sequoia 169
Sierra 9
Silberdistel 43
Silberfischchen 174
Silberreiher 53
Sitkafichten 94, 95
Skarabäus 174
Skolopender 173
Skorpion 173
Skunk 102
Sonnenbarsche 101
Sonnenenergie 126
Sonnentau 31
Sonneratia 76
Spatzen 46
Sperlingsvögel 180
Spießente 53
Spießflughuhn 181
Spinnentiere 173
Spitzmaulnashorn 54, 55
Spitzmaus 33
Spitzmaus 182
Springbock 54
Springmaus 56
Springmaus 183
Springschwanz 74
Springspinne 74
Stabschrecken 69
Stachelhäuter 172
Stachelschwein 37
Stadttauben 47
Stare 46, 47
Stechginster 30
Stechmücke 99, 175
Steinadler 45
Steinbock 44
Steinbutt 123
Steineiche 36
Steinpilz 166
Steinschmätzer 70
Stelzvögel 181
Steppen 70
Steppenadler 71
Steppenweihe 71
Stichling 24, 176
Stieleibe 169
Stieleiche 39
Stinktier 102
Stockente 25
Störche 53
Strandflieder 23
Strandhafer 14
Strandschnecke 172
Strandvögel 16
Strauß 181
Stummelaffe, roter 60
Sturmvögel 117
Südbuchenwälder 109
Süßwasserfische 176
Süßwasserreserven 130
Sukkulentenwald 9
Sultansspecht 181
Sumpfhahnenfuß 25
Sumpfschildkröte 24
Sumpfzypresse 98, 100

T

Tabakpflanze 149
Taggecko 63
Taiga 40
Tang 166
Tanne 40, 94, 169
Tanrek 63
Tapire 104
Tauben 47
Taubenvögel 181
Tausendfüßer 173
Termite 152, 174
Termitenbauten 52
Terrassenbau 121
Testudo horsfieldii 71
Thermometerhahn 85
Thomsongazellen 55
Thunfisch 177
Thysanura 174
Tibetantilope 74
Tiefsee-Ökosystem 132
Tiger 69
Tintenfisch 172
Tolastrauch 104
Tomillares 37
Tordalk 113
Torfbildung 31
Torfmoos 31, 167
Treibhauseffekt 145
Trinkwasser 128
Trockensavanne 9, 52
Tropenwälder 140
Trottellummen 21
Tschiru 74
Tukan 107, 181
Tulpen 171
Tundra 9, 113
Tüpfel-Johanniskraut 153
Turako 180
Turmfalke 71, 180

U

Überweidung 30, 143
Uhu 180
Umweltberater 163
Umweltingenieure 163
Umweltkrise 164
Umweltschutz 160
Umweltverschmutzung 134, 161
Unglückshäher 41
Urflügler 174
Urinsekten 174

V

Vegetationsgebiete 8
Venusmuschel 17
Vielfarblori 181
Vielfraß 40
Vierzehenschildkröte 71
Vikunja 105
Virginiahirsch 94
Viscacha 108, 109

Vogelspinne 173

W
Wabenkröte 179
Wacholdergebüsche 72
Wald 38, 94
Waldbison 94
Waldkauz 39
Waldmaus 33
Waldmurmeltier 95
Waldschäden 141
Waldschnepfe 41
Waldsterben 141
Wale 116
Walfang 165
Walhai 177
Walroß 112, 183
Waltiere 182
Wanze 175
Wapiti 94
Waschbär 94, 98
Wasseramsel 26
Wasserfloh 173
Wasserfrosch 179
Wasserhahnenfuß 25
Wasserhyazinthen 101
Wasserläufer 25
Wasserlinsen 25, 101
Wassermoos 167
Wasserpflanzen 24
Wasserralle 181
Wasserschildkröten 106
Wasserschwein 107
Wasserverbrauch 128
Wasserwurzler 25
Watt 14
Webervögel 53
Wegerich 152
Weißhai 177
Weißstorch 53, 181
Weißtannen 72, 95
Weißwedelhirsch 94
Weichtiere 172
Weiden 72, 170
Weihen 33
Weinbergschnecke 172
Weinrebe 171
Weizen 171
Wespe 175
Wiesen 34
Wiesenpieper 32
Wiesenweihe 32, 33
Wildpferde der Camargue 22
Wildschwein 38
Windenergie 126
Winkerkrabben 76
Wirbellose Tiere 172, 174
Wirbeltiere 176, 178, 180, 182
Wisent 41
Wolf 41, 94
Wölfe 94, 112
Wolfsbarsch 123, 176
Wolfsmilchgewächse 63
Wollhandkrabben 152
Wombat 82, 84
Wühlmäuse 34
Würgefeige 107
Würgfalke 71
Wurmfarn 167
Wurmwühle 179
Wüsten 8, 9, 56
Wüstenfuchs 56
Wüstenschildkröte 103
Wüstensträucher 57

Y
Yak 74
Yuccas 102

Z
Zahnlose 183
Zebras 54, 55
Zedern 95
Ziegenmelker 32
Ziesel 70
Zikade 69, 175
Zinnkraut 167
Zistrose 36
Zitronenbäume 171
Zitteraal 176
Zuckerahorn 95
Zugvögel 38
Zunderschwamm 157
Zweiflügler 175
Zweikeimblättrige 170
Zwergbäume 72
Zwergelefant, siziliani-
scher 151
Zwergwale 116
Zypresse 169

Fotonachweis

Agence pour l'Afrique/ St. Epoing, 50; Agence VU/Descamps, 110/111; Agence VU/Descamp, 144; Altitude/Y. Arthus-Bertrand, 51 (O); Cosmos/Buthaud, 93 (M); Cosmos/Heron, 93 (UR); Cosmos/L. Mac Intyre, 93 (O); Cosmos/R. Smolan-Contact, 80 (O); Cosmos/O. Strewe, 80 (M); Cosmos/O. Strewe, 81 (OR); Explorer/S. Bachelier, 66 (U); Explorer/Géopress, 50 (M); Explorer/Y. Gladu, 133; Explorer/J. Joffre, 51 (R); Explorer/K. Kraft, 81 (OL); Explorer/Kummels, 127; Explorer/ Lam Moon-Yin, 66 (M); Explorer/T. Laird, 67 (O); Explorer/W. Mac Intyre, 141; Explorer/D. Mar, 12/13; Explorer/A. Thomas, 92 (L); Explorer/A. Tovy, 64/65; Gamma/Shone, 135; Magnum/E. Arnold, 67 (M); Magnum/B. Glinn, 66 (M); Magnum/E. Haas, 92 (R); Magnum/E. Haas, 93 (UL); Magnum/H. Kubota, 66/67; Magnum/Nichols, 92 (O), Magnum/C.S. Perkins, 50 (O); Magnum/C.S. Perkins, 50 (U); Magnum/G. Pinkhassov, 142; Magnum/D. Stock, 80 (R); Rapho/G. Gerster, 67 (U); Rapho/M. Serralier, 78/79; Rapho/H. Silvester, 118/119; Rapho/M. Yamashita, 90/91; Top/J.P. Begon, 48/49; Top/J. Ducange, 80 (U); Top/N. Hérout, 17; Top/Y. Métais, 51 (L); Top/R. Tixador, 81 (U).

(O = oben, M = Mitte, U = unten, L = links, R = rechts)